Geloofskwesties

Catherine Wheels

Colofon

Uitgeverij De Groene Gedachte, Tienen - België. 2017
www.degroenegedachte.be

Titel: Geloofskwesties
Auteur: Catherine Wheels

ISBN-NUMMER : 9789492057204
EAN : 9789492057204

De Groene Gedachte helpt bij het verspreiden van een positief gedachtegoed, gaande van een gezonde voeding, een gezonde levenshouding, balansbewerkstellende en balansherstellende mechanismen of interacties van mens tot mens, van cultuur tot cultuur en tussen mens en natuur.

Geloofskwesties

Catherine Wheels

Over godsdiensten die in elkaar overgaan, het Mattheusevangelie, karma, de Essenen, profetieën...

Intro

Even terzijde: elke poging (dus ook deze poging) om de godsdienstgeschiedenis in onze streken te schetsen in een historische context, is een ijdele poging. Elke streek had zo zijn eigen zeden en gewoonten en in de ene streek verliep een kerstening al wat makkelijker dan elders. Waar bijvoorbeeld eeuwenlang de moedergodin werd vereerd, is de cultus rond Moeder Maria vandaag nog heel sterk aanwezig. In principe is het net zoals een stad bouwen. Dat gebeurt ook op de kelders en fundamenten van afgebroken huizen, maar bepaalde sluitstenen, rondbogen, ornamenten zijn zo mooi dat ze opnieuw worden geïntegreerd. Soms zijn dat heel mooie assimilaties. Net zulke sluitstenen laten zien dat we een heel rijk cultuurverleden hebben, met veel devotie maar helaas ook met veel strijd (om het grote 'politieke' gelijk) en veel bloedvergieten. Onze religieuze geschiedenis is helaas geen gaaf plaatje.

Wat is waarheid?

Niemand die goed bij zinnen is, zal zeggen dat hij waarheid is of heeft. Iedereen heeft trouwens zo zijn eigen waarheid, al dan niet met een breed of een beperkt referentiekader. Je kan denken en jezelf ervan overtuigen dat je erg ruimdenkend bent en ondertussen toch blijven hangen in de tunnel van negatieve gedachten en vooroordelen, maar niemand anders kan jouw eigen leugens voor jou doorprikken. Dat doe je het best zelf, nadat inzichten je hebben bereikt. Of je kan je comfortabel nestelen en in een kringetje blijven draaien. En wat je dan ziet, is hoe je eigen vooroordelen steeds weer bevestigd worden, omdat je ergens met je gedachten en onderliggende programmaties toch echt je eigen wereld creëert. Je eigen realiteit dus... Dat doen we allemaal.

1. De zoektocht naar waarheid

De zoektocht naar waarheid heeft altijd bestaan. Dat is mooi, want in de waarheid schuilt de krachtigste energie. Het begint helaas allemaal met zelfwaarheid, maar meestal zijn we vooral op de buitenwereld gericht en kennen we onze eigen waarheid niet zo goed.

De wetenschappelijke wereld zoekt ook naar waarheid, en dat is en blijft een nobele betrachting. Maar daarbij botst ze tegen bepaalde grenzen aan, want ze wordt gefinancierd door belangengroepen. Die grenzen zijn niet (meer) de godsdienst(en), maar vaak hun eigen overtuigingen. Je eigen overtuigingen kan je zien als programmaties van je eigen brein. Die overtuigingen bepalen nog steeds het resultaat van wetenschappelijk onderzoek, hoewel men dit bewust tracht uit te sluiten en objectief onderzoek wil voeren. Objectief of vrij onderzoek bestaat helaas niet, want ons denken is niet helemaal vrij. Vrij denken is in feite een illusie.

Ook de geloofsinstituten geven een referentiekader mee, vaak erg subtiel. En net dàt is gevaarlijk, want dat referentiekader bepaalt bijvoorbeeld ook hoe je wetenschappelijk onderzoek moet voeren, en dan neemt het bepaalde assumpties aan. Volgens mij wordt spiritualiteit nog altijd stiefmoederlijk behandeld door de wetenschap, maar ze bepaalt wel in grote mate onze bewustzijnsevolutie. En die bewustzijnsevolutie is in grote mate verbonden met een kosmische realiteit, die op haar beurt onze wetenschappelijke progressie sterk bepaalt. Of we dit nu willen of niet...

2. Belangenvermenging is moeilijk uit 'waarheid' te sluiten

Godsdiensten zijn zelden vrij van groepsdruk, vrij van belangen. Politiek raakte steeds meer verweven met godsdienst en godsdienst werd misbruikt voor politieke motieven. Als je weet dat politiek steeds te maken heeft met structuren, belangen en hiërarchieën, dan laat de rest zich al raden. Het is moeilijk om godsdienst dan nog te vrijwaren van verheffing, (voor)oordeel en macht. We kunnen wel aannemen dat de betrachtingen nog vrij zuiver zijn wanneer een morele code of universele wijsheid een wijdere verspreiding krijgt, dus op het moment waarop godsdienst ontstaat. Maar daarna zullen talloze mensen of generaties zich mengen en die morele code naar hun hand of naar persoonlijke en/of groepsbelangen trachten te zetten.

Wetenschappelijk onderzoek zou vrij moeten zijn en tracht dit ook te zijn. Vrij van belangengroepen, vrij van druk van buitenaf, maar ook vrij van vastgeroeste overtuigingen die echte openheid in de weg staan. Volgens mij staan we nu op een kantelpunt: wil de wetenschapper vooruitgang boeken, dan zal hij zijn eigen mind opnieuw moeten openen. En dat kan hij, toch als hij dichter bij zijn eigen waarheid komt. Hoe kan je immers openstaan voor een grotere, ondefinieerbare waarheid als je in onwaarheid leeft omtrent jezelf? Het begint dus bij jezelf, en dan openen zich de wegen naar die grotere waarheid, een universele waarheid, een kosmische waarheid. Maar die grote waarheid blijft ondefinieerbaar, want ze is onbegrensd, net zoals onze kosmos. We stoten dus opnieuw op het begrip 'oneindigheid'. Op zoek gaan naar jezelf en je eigen waarheid is niet alleen voor de wetenschapper een mooie betrachting, het is spiritualiteit in zijn puurste vorm. Het is zelfverwerkelijking, niet te verwarren met zelfverheerlijking. Het is het mannelijke en het vrouwelijke principe in jezelf in evenwicht brengen tot je 'één' bent en klaar om zelf in alle vrijheid mooie dingen te manifesteren. Maar manifesteren zonder hart is niet goed. Het hart of de liefde, moet de motor blijven. Enkel zo maken we samen de overgang van de materialistische wereld in 3D naar 5D met een door liefde en veel hogere vibratie gestuurde samenleving. Op dit moment leren we opnieuw de betekenis van het woord 'solidariteit' kennen. Het heropenen van je hart voor diegenen die je hebben ontgoocheld, het is moeilijk maar niet ondoenbaar. Het openen van je hart voor de onbekende vreemde is nog moeilijker, want hier gaat angst voor het onbekende altijd een grote rol spelen. Kijk maar hoe behoedzaam we omgaan met mensen die hier willen integreren. We wantrouwen hen. Zouden er geen terroristen tussen zitten…?

3. Spiritualiteit en godsdienst

Spiritualiteit heeft niet altijd met godsdienst te maken. Soms staat het er ver van. Godsdienst is wel een goede en bijna logische weg naar spirituele beleving. Spiritualiteit begint met zelfaanvaarding, maar ook met de zoektocht naar je 'zelf'. Het is naar binnen gaan, daar zoeken naar antwoorden en die daar ook vinden. Het is niets wat op de buitenwereld is geprojecteerd, maar op je eigen binnenwereld. Het is durven te leven volgens je innerlijke leiding, je intuïtie. Het is geest, lichaam en ratio met elkaar verbinden, of hemel en aarde koppelen en je overgeven aan de evolutie. Het is lering trekken uit fouten, het is de ervaringsschool van het leven doorlopen. In je leven krijg je voortdurend kansen die zich aan jou presenteren als wissels. Dus je kan opnieuw kiezen, maar niet altijd de uitkomst van je keuze voorspellen... Het is aansluiten op de flow, input ontvangen en omzetten in output en je ondertussen gesteund weten in je goede doelen...

Godsdienst zie ik als spiritualiteit in een meer gecollectiviseerde en vaak geritualiseerde vorm, ter behartiging van de wensen van een groep, meestal (helaas) de meest machtigen van de groep. Daarom is godsdienst per definitie al 'onzuiver', wegens gerelateerd aan zijn cultuuromgeving, politiek, economisch... Met andere woorden, altijd komen na verloop van tijd andere prioriteiten bovendrijven en die doen de institutie wegdrijven van haar mooiste betrachting en dat is 'leven in waarheid en liefde'. Of het verbinden van wat los kwam te zitten door het maken van 'onderscheid'. Godsdienst kan ook ontdekte waarheden gaan maskeren uit eigenbelang of omwille van het groepsbelang. En jijzelf kan ook ervoor kiezen om in onwaarheid te leven, omdat dit je bijvoorbeeld het meeste materiële voordeel geeft... De meeste mensen leven onbewust in onwaarheid, maar zoeken ondertussen wel naar waarheid. Anderen leven zelfs heel bewust in onwaarheid omtrent zichzelf, omdat ze anders hun wonden moeten likken of terugblikken op dingen waarop ze niet fier zijn. Soms is het grappig om te zien hoe men (ook) zichzelf wat wijsmaakt, daden vergoelijkt of vaak moeilijke en goed gevonden motivaties zoekt om met datgene wat hen enig voordeel geeft, door te blijven gaan en zich te wapenen tegen de blikken van onbegrip vanuit de omgeving.

Hoe kleiner het canvas van je leven, hoe kleiner en eenvoudiger je programma- en relatienetwerk, hoe makkelijker het is om te leven. Zo lijkt het wel. Maar hoe groter het canvas, hoe mooier het leven. Omdat je in dat geval de oneindige schoonheid ziet van de complexe relaties en hoe vernuftig alles in elkaar is verweven. Je leven dient dan een doel. Dè waarheid zal je wel nooit echt kunnen vatten, je brein is daarvoor te klein. Je leven is slechts het bewandelen van een stukje van de weg naar waarheid. Die weg trachten te bewandelen kan ik echter iedereen aanraden, want zo ontdek je niet alleen het hogere potentieel, maar ook je eigen verruimde, menselijke potentieel. Hoe dichter je bij je ziel leeft, hoe beter de sturing en hoe minder frictie je ondervindt, want je gaat niet in tegen je 'zelf'. Je zit op het spoor en voelt daarin subtiele begeleiding...

Werkelijk, het leven kan mooi zijn, als je jezelf eenmaal bevrijd weet van alle opgelegde programmaties en tunnelzichten, die je verhinderen die immense schoonheidservaring te beleven! Vanaf dan opent zich een nieuwe wereld en kan je niet meer terug. Je gaat verder, wilt meer van dat want het voelt aan als eindelijk wakker worden, ontwaken... Je voelt, zoals ik reeds aanstipte, subtiele begeleiding, want als je uitleg vraagt, dan krijg je uitleg, symbolen zelfs... Vanaf het moment waarop ik op dat punt kwam, ervoer ik althans het leven

6

als magisch. Het dient zich nu op een helpende manier aan mij aan. Het toont mij de uitgang in bepaalde situaties, het vraagt mij te willen begrijpen... Alsmaar verder. Synchroniciteiten komen je toegevallen. Toeval dat in feite geen toeval is, maar je handvaten geeft voor de weg van het leven... Ik hoop stellig dat iedereen de magie van het leven kan ontdekken. Het enige wat je moet doen is jezelf heropenen en je hardnekkige programmaties laten vallen. Eens durven te twijfelen aan je welomlijnde referentiekader... de resetknop vinden om een nieuw referentiekader te verwelkomen.

4. Godsdienst en politiek bepalen altijd en overal de maatschappijgeest en de cultuur

We hebben het allen over de Bijbel en de Koran en sinds eeuwen vinden we daarin zelfs de motivatie om te leven, te overleven, maar ook om ons te onderscheiden van andere volkeren, te haten en zelfs andersdenkenden te doden. Profeten Jezus, Mozes en Mohammed hadden het vast liever anders gezien. Wellicht wilden ze wel dat hun woorden werden gehoord, vereeuwigd en verspreid, maar niet dat ze op deze manier werden misbruikt. Wanneer wij ons een mening vormen omtrent de wereldgebeurtenissen, dan tonen we ons plots kenners van onze eigen godsdienst en de daaraan verbonden cultuur, maar zijn we dat werkelijk? Ik alleszins niet of niet meer. Hoe meer ik zoek en leer over het katholieke geloof, hoe minder ik ervan weet. Het seksueel en machtsmisbruik in en door de kerk had me overigens als katholiek gedoopte heel ver van de roomse kerk doen afdrijven. Je kan dit toch niet zomaar negeren als je een hart hebt? Ik had namelijk een stevige afkeer gekregen van mijn eigen geloofscultuur, ofschoon de katholieke kerk wel mijn moraal – zelfs op een goede manier – had helpen te vormen. Ik luisterde altijd aandachtig naar de evangelies, vond en vind de symbolische verhalen nog steeds heel boeiend. Wie luisterde er niet graag naar als kind? Ik ben dus ook heel blij wanneer oeroude geschriften, zoals de Dode Zeerollen worden herontdekt, want ze maken de dingen weer completer, puurder.

Stilletjes aan ontwikkelde er zich daardoor wel een nieuwe zoektocht naar zingeving en spiritualiteit. Zoals veel reizende jongeren, vroeger en nu, oefende het boeddhisme al gauw een grote aantrekkingskracht op mij uit. Hier leek enkel sprake van waarden en niet van goden en afgoden, niet van lijden en ook niet van vergulde machtige instituten met grote praaltempels (hoewel?). Dit volk leek ook zo tolerant en leeft niet ten koste, maar in samenwerking met de natuur. Waarschijnlijk is dit wel een geïdealiseerde voorstelling van de feiten, maar eigen aan jongeren is ook dat ze hun idealen nog als leidraad durven te nemen en ze die idealen graag intact houden. Meer nog, ze creëren ze zelf en alles wat dat beeld verstoort, wordt door het verstand handig weggefilterd. Maar dat is zeker niet erg, het is alweer een nieuwe zelfprogrammatie. In het onszelf programmeren zijn we heel erg sterk. Oké, laten we het dan vooral goed doen en de kwaliteit van onze gedachten goed bewaken.

Bovendien vond en vind ik nog steeds dat de beleving van spiritualiteit een hoogstpersoonlijke zaak is, dat er een persoonlijk contact moet zijn tussen God en de mens. Ik wil geen onnodige en al even zondige (of nieuwsgierige) tussenpersonen die mij de biecht afnemen en daarbij als plaatsvervangers van God de zuiverheid claimen, maar het verder duidelijk zelf niet zijn in hun aardse doen en laten. Wie wel overigens? Zuiver leven is zeer moeilijk en vast ook een beetje saai, maar het is en blijft wel een heel mooie betrachting. Toen ik nog interne was in een nonnenklooster, kon ik wel heel goed de verschillen zien tussen zusters die zich met hart en ziel aan God hadden gegeven en de anderen die in het kloosterwezen werden geduwd door hun ouders of als gevolg van een gebroken liefde of andere motieven. De eersten straalden een soort geluk uit, een zaligheid, een grote goedheid die je maar zelden ziet in de gewonemensenwereld. Ik zag dezelfde rimpelloze gave gezichten tijdens een reis naar Thailand, zo'n dertig jaar geleden. We kregen toen de gelegenheid om naar een boeddhistisch klooster te reizen dat tussen bergtoppen was gelegen. Die monniken zagen er ook zo gelouterd uit, alsof tijd op hen geen vat had. Ze leken wel leeftijdsloos. Het maakte veel indruk op mij. Het helende aspect van het geloof en die totale mentale overgave, het moest vast iets heel bijzonders zijn. Ik had en heb er nog steeds veel respect voor.

Geestelijke tussenpersonen vertolken enkel een tijdgeest. Lang gebeurde dit in een hardnekkig vrouwonvriendelijk klimaat. Waren wij, vrouwen, immers niet verantwoordelijk voor de zondeval door kennis te nemen van goed en kwaad, symbolisch door het eten van de appel van de boom van de kennis? Kennis hebben van de duale wereld lijkt me eerder een verrijking dan een bron van zonden. Vrouwen hebben de wereld niet in het verderf gestort en nog minder worden we zondig geboren. Er is wel het wereld-, groeps- en familiekarma dat generaties overleeft. Tijdens je leven bouw je zelfs persoonlijk karma op en je lost er ook af, maar dat geldt zowel voor mannen als voor vrouwen. Voor mij is elk individu op deze wereld gelijk in waarde.

5. De Heilige Schrift versus het goddelijke

Hoe ongelovig ik ook was, of was geworden, ik ben uiteindelijk zo nieuwsgierig geworden naar de geloofsbronnen waarop oorlogsvoerders zich zo sterk beriepen en nog steeds beroepen, dat ik wilde weten wat er nu echt geschreven staat. Op een mooie dag ben ik dus naar een dorpsbibliotheek gestapt. Daar heb ik de Koran en de Bijbel ontleend en dan ben ik aan het lezen gegaan. Ik merkte dat de Koran eerder een bundeling is van teksten van zeer diverse oorsprong en dat sommige tekstdelen werkelijk oproepen tot liefde, vrede en vriendschap. In de Koran staat letterlijk: 'Het is werkelijk onzinnig te strijden voor je godsdienst', maar weer andere teksten roepen regelrecht op tot haat en strijd ten aanzien van andersdenkenden en andersgelovigen. Ook in de Bijbel staan teksten (meer dan 600 en van onduidelijke oorsprong) die op zeer uiteenlopende manieren kunnen worden geïnterpreteerd, al naargelang je eigen invalshoek. Dus helaas, iedereen vindt erin wat hij vinden wil om zijn eigen ideeën en daden kracht bij te zetten. Zowel de goede als de slechte daden kunnen zo worden gerechtvaardigd, want alles start met onbegrip. Daaruit ontstaan misverstanden en dat leidt tot intolerantie en zelfs racisme. Zo kan de westerse toerist zich bijvoorbeeld onthutst en kwaad uitlaten over de intolerantie van de Jemenieten die hen met stenen bekogelden in plaats van hen vriendelijk te onthalen. Mogelijk is de vrouw in het toeristische gezelschap er zich niet van bewust dat ze zich beter had aangepast aan de zeden en gewoonten van die streek (en zo veel mogelijk blote armen en benen vermijdt, omdat ze er daar wel degelijk aanstoot aan nemen). Laten we elkaar dus vooral begrijpen. Zeden en gewoonten bestaan. Je moet ze niet negeren, want dan toon je geen respect. Ze horen bij onze cultuur, ze maken ze zo kleurrijk en divers. Ook in het westen droegen de vrouwen nog niet zo lang geleden een hoofddoek om nederig de kerk binnen te gaan. Diegenen die dit weigerden te doen, beschouwde men als ketters. Het dragen van een hoofddoek zag men als een teken van respect en nederigheid ten aanzien van God. Ook door te knielen naast de rij stoelen waarop men zou plaatsnemen, wilde men zeggen: 'Ik betreed het huis van God en ik stel mij nederig op'.

a. De beeldspraakcultuur van Jezus werd een beeld(en)- en schriftcultuur

In de tijd van Jezus konden slechts weinig mensen schrijven, tenzij bepaalde Joodse groepen, dus deden beeldende verhalen het werk. Zo onderwees Jezus zijn toehoorders, die zo graag naar zijn verhalen luisterden. En de verhalen bleven zo wel 'hangen'. Men vertelde en gaf de verhalen door aan volgende generaties. Door deze overlevering werden de gebeurtenissen echter vertekend. Maar in elk geval, hoe kleurrijker de allegorische verhalen, hoe beter ze konden worden onthouden en doorverteld. Uiteraard bleven ze niet helemaal intact en werden ze gekleurd door de perceptie van de vertellers, of vertekend door de interpretators. Als we het evangelie van Maria van Bethanië buiten beschouwing laten, verschenen de eerste teksten omtrent de profeet/levensfilosoof Jezus pas honderd jaar na zijn dood, want eerst werden de verhalen enkel levend gehouden door het verder vertellen. Maar honderd jaar later geven ze wellicht al enige vertekening door de vele herinterpretaties, want geen van de evangelisten had deze Jezus persoonlijk gekend. Toch zien we ook grote gelijkenissen tussen de vier grote evangelies. Het evangelie van Johannes (of was dat wel degelijk zijn/haar naam?) wijkt wat af van de andere. De recente ontdekking van de Dode Zeerollen toont aan dat het christendom sterke wortels heeft, maar tegelijkertijd kan

11

men zien dat er met de H. Schrift werd geknoeid en dat er bovendien niet weinig werd geredigeerd en weggelaten zoals het evangelie van Philippus, Thomas en Maria Magdalena. Redigeren kan je natuurlijk ook zien als aanpassen aan de tijdscultuur, aan de maatschappelijke geest, maar het blijft knoeien met een heilig geschrift dat geschreven werd met daarin vervat een heilige of krachtige geometrie.

b. Het boek Enoch

Het boek Enoch is helemaal weggelaten uit de Bijbel en over de essenen wordt ook nauwelijks met een woord gerept. Het boek Enoch zou zijn geschreven door een zeer godvruchtige Jood, die vluchtte vanuit Juda naar het noorden om te ontsnappen aan de corruptie en vervolgingen. Deze mensen zouden de voorlopers zijn van de farizeeën. De visioenen van Enoch voorspellen dat de rechtschapenen zouden worden gedood, en waarschijnlijk was dit ook het lot van de essenen, want dit volk 'verdween' inderdaad. Later verdween hun pijnlijke wedervaren zelfs uit de annalen, want de vroege kerkvaders sloegen het boek in de ban, waardoor een stuk van de kerkelijke geschiedenis werd gewist. In Ethiopië werd echter in 1773 een versie teruggevonden van dit boek. Maar ook in Rusland en Servië werden vijf manuscripten gevonden van een bijkomend geschrift, dat vertelt over het bezoek van Enoch aan de zeven hemelen of de zeven dimensies. God openbaart hem zo de schepping van de wereld en vertelt hem over de gevallen engelen die niet gehoorzaamden aan Gods wetten. Ze konden echter wel terugkeren naar de hemelen als ze dat wilden, wanneer ze de universele wetten met hart en verstand gebruikten. Er wordt ook verteld over de grondbeginselen van de kosmologie en de astrologie. Enoch vertelt alles aan zijn zonen, voorspelt ook de komst van de Messias (bevrijder) en keert daarna terug naar de hemelen. Het boek zou rond 30 voor Christus zijn geschreven. Verder is er steeds wel gewijde literatuur geweest die aan het grote publiek werd onthouden. Die verborgen literatuur wordt nu nog steeds voorbehouden aan een groep ingewijden. Het is de c-bb-l of de kabbala. Aanvankelijk was dit ook geen geschreven document, maar een mondelinge traditie. Mogelijk waren de bedoelingen van de kerkvaders toch niet zo fout. Men beweerde dat sommige geschriften zo mystiek en tegelijk zo krachtig waren, dat ze zeker (nog) niet in verkeerde handen mochten vallen. Ze verspreiden kon namelijk ook gevaren inhouden en eigenlijk is die gedachte niet zo fout. Het bewustzijn van de mens moet er rijp voor zijn. Teilhard de Chardin werd om diezelfde reden verboden voor het gewone volk. Het vergt enige rijpheid van de ziel, of althans van de drager van dat zieltje. Dus wat ervan overbleef en wat wij vandaag nog kennen, is heel sterk afgezwakt. Het oorspronkelijke geschrift was veel krachtiger.

6. De hemelen?

Ik begrijp ook pas nu waarom dat christelijke gebed begint met 'Onze Vader die in de hemelen zijt...' Ik dacht dat het woord 'hemelen' nog een product van het Oudnederlands was, maar het gebruik van het meervoud is echt niet toevallig. De hemelen staan voor de andere dimensies, want wij existeren gelijktijdig in twaalf dimensies, maar hier op aarde zijn we ons alleen bewust van de derde. Soms spreekt men van zeven, op andere momenten van negen of twaalf dimensies. God is inderdaad nabij op aarde en in de andere dimensies waarin zich ook een aspect van onszelf bevindt. Hij staat tot ieders beschikking wanneer we met onze geest verbinding maken. Het christendom spreekt ook van de hemel en de hel, maar ik begrijp nu dat die allebei in de derde en vierde dimensie voorkomen en niet als bestraffing na onze dood. Je kan namelijk van je aardse leven een paradijs maken, maar je kan het ook tot je persoonlijke hel maken indien je woede, wrok, lijden en kwaadheid oproept of onderhoudt, wat kan resulteren in permanent zelfbeklag en wrok, maar ook in mensen pijn doen en bloedvergieten. En dan wordt het ook de hel voor anderen die je met je meetrekt of die er ook het slachtoffer van worden. Vergeving en loutering zijn sterke woorden, want ze geven je weer 'ruimte'. Wrok en woede houden je gevangen in een wereld van actie en reactie. Laat je bovendien het materiële primeren op de geest, en geloof je niet meer in goedheid en zelfs niet in karma (wat je uitgooit, komt ooit bij je terug want energie gaat niet verloren en komt altijd terug naar haar bron), dan zal jij je ziel makkelijk verkopen aan macht, rijkdom en wellust, maar de aardse liefde is dan erg ver weg omdat je die niet meer voelt. Je kan geen liefde meer voelen voor je omgeving, je medemens, mogelijk zelfs niet voor je partner of je bloedeigen kinderen. Je hart raakt versluierd, je verliest het contact met je ziel en je geest, zelfs met de aardse realiteit. Aansluiten en mee vibreren op oneindigheid is dan gewoonweg onmogelijk. Je zal dan mee hiërarchieën scheppen, onderscheid maken, verstrikt geraken in ijdelheid, eerzucht of materiële wellust... omdat die dingen je wel nog wat opbrengen.

Pas bij je fysieke dood besef je dan dat je je hebt vergist en dat dit een bijzonder pijnlijke vergissing is. Misschien word je zelfs even een dolende ziel, die gedoemd is om op aarde te blijven, omdat ze nog niet naar het licht kan. Ook dat kan je betitelen als de hel. De hel is dus volgens mij geen vagevuur, maar een eeuwig blijven hangen op een plaats waar je echt niet dient te zijn. Dat komt omdat je afgesneden raakte van de bron, de bron en wereldziel die alles verbindt en ons 'één' maakt, want zelfs 'ego' is een illusie. De bron is ook oneindige liefde die complete vervulling geeft en dit begint bij de kleinste schoonheidservaring, zoals blij zijn met een straaltje licht dat door het raam valt, of bij het voelen van blijdschap, verwondering of dankbaarheid. Het koesteren en toelaten van fijne 'gevoelens' vormt dus een mooi begin.

7. Omtrent Jezus en de Joodse stam, de essenen

Jezus stamt uit het Joodse geslacht van stamvader Abraham, hij behoorde als mens tot het koninklijke nageslacht van koning David. Koning David wordt soms dansend afgebeeld. (zie kerk van Zoutleeuw in België). Dansen was een manier om in trance te geraken, uit jezelf te treden en dichter bij God te zijn. Niettemin kleefde er bloed aan de handen van koning David, maar zijn zoon Salomon was uit ander hout gesneden. Iedereen heeft al horen spreken van de tempel van Salomon. Of deze echt heeft bestaan weten we niet, maar de bouwplannen zouden wel bewaard zijn gebleven. Jezus zou een Nazareeër zijn (van Nazarus) en zijn familie onderhield goede contacten met de essenen of hoorden tot dezelfde Joodse stam. Hij kende bijvoorbeeld Johannes de Doper die de essenen doopte. De essenen waren een Joods geslacht uit Qumram bij de Dode Zee (Judea) in Palestina. Hun cultus was vrij zuiver, omdat ze zichzelf elk materieel bezit ontzegden en zich voornamelijk dienstbaar opstelden tegenoverstaan van de medemens. Ze beschikten over helende gaven en genazen mensen. Het aspect van de geest primeerde immers (de met gedachten en intenties creërende geest is aangesloten op de goddelijke bron of het Al), ze aten zuiver voedsel en offerden niets. Alles wat ze bezaten was van de gemeenschap. Zij hadden geen tempels met tempelpriesters als plaatsvervangers van God en tussenpersonen tussen de mens en God. Zij richtten zich rechtstreeks tot God door het gesproken woord, door krachtig gebed, door dans en meditatie. De essenen geloofden in de kracht van scheppende gedachten en van het gesproken woord. Hun godsdienst was zeker geen afsmeekgodsdienst, maar eerder een geritualiseerde manier van leven. Hun religie was in en met hen, een levenshouding, een levenswijze. Niet enkel zij, maar elk mens draagt een goddelijk of scheppend aspect in zich. De essenen geloofden ook in engelen, die de mensen kunnen helpen, maar ook in geesten of dolende zielen, die niet naar het licht konden. Ze geloofden net zoals de eerste christenen in de reïncarnatie van de ziel en in de strijd tussen goede en kwade machten. Ze waren ervan overtuigd dat elk mens een aspect van beide machten in zich draagt, maar zelf kan kiezen om het goede te laten primeren door minder te hunkeren naar ego en materiële bevestiging (macht, bezit en status). Hun zuiverheid trachtten ze te bewaren door hun geestelijke aspiraties, door te denken voor het geheel, door te delen met iedereen en door elkaar te steunen. Ze reinigden zich met water via de doaprituelen, maar ook door healings waarmee entiteiten en demonen werden verwijderd. Dansen, vrolijk zijn en lachen werd aangemoedigd. Het leven mocht worden beleefd in vrolijkheid. Niemand hoefde onnodig te lijden. Geestrijke dranken werden wel geweerd, omdat ze de geest benevelen en er werden geen vleselijke offers gebracht. Deze mensen hadden ook kennis van de planeten, de kosmos en de astrologie. Ze aanbaden de zon, de maan en de sterren en ze hadden al jaarkalenders. Ze kenden wat van mystiek en waarzeggerij en fysiognomiek (gelaatsexpressies en gelaatsvormen werden karakterieel geïnterpreteerd). Ze geloofden ook in predestinatie of de voorbestemming van de mens. Interessant om te weten is dat zowel de essenen, de eerste christenen als veel later ook de katharen, geloofden in het gemeenschappelijke leven, in het sacramentele (of zuiverende) aspect van de doop en baden, in profetieën, in verrijzenis en onsterfelijkheid, in entiteitenuitdrijving, in geestelijke, minerale en plantaardige genezingswegen om het fysieke lichaam te helen, in het doen van wonderen of healings, in de gelijkheid van mensen en in een zekere voorbeschikking van wat gebeuren zal, maar ook in enig menselijk zelfbeschikkingsrecht. Niet alles ligt op voorhand vast.

8. De Romeinse overheersers en de drie Joodse stammen in Palestina rond het jaar nul

Er waren in feite drie Joodse stammen in het Palestina van toen bekend: de farizeeën met hun rijkversierde tempels, de sadduceeën en de essenen met hun sobere tempels en levenshouding. Jezus had ook volgelingen bij de eerste twee Joodse stammen, zijn beste volgelingen waren natuurlijk de apostelen met Maria Magdalena als dertiende apostel. Zoals Jezus kort voor zijn dood in '33 al voorspeld had, viel Jeruzalem in '68 en werd de tempel vernietigd. Alleen één tempelmuur staat dan nog gedeeltelijk overeind. Nu nog steeds. Het betekent het einde van de tweede Joodse tempelperiode, want de Joden hadden Palestina al eens eerder moeten verlaten en zaten in ballingschap in Babylonië. De derde tempel werd nooit gebouwd of zou dit pas na de eindtijd gebeuren? Nu dus? Er zouden dan in die eindtijd ook aardbevingen en overstromingen plaatsvinden, zoals toen al voorspeld, maar die waren er ook al in '33 v. Christus. De essenen en andere Joodse stammen dienden zich over te geven aan de krijgshaftige en eerder militair georiënteerde Romeinen. We vermoeden nu dat de volgelingen van Jezus pas echt geloofden in de goddelijke oorsprong van Jezus nà zijn heropstanding. Moest hij net dàt aantonen? Dat leven voortgaat en dat de geest niet kan vernietigd worden? Verscheen zijn astrale lichaam en liet hij zo zijn aanwezigheid weer zien? Mensen hebben altijd bewijzen nodig. Vermoedelijk was hij dus bij die incarnatie al een meester die de lering succesvol had doorlopen, want hij werd bij de Essenen verder voorbereid op zijn missie. Zo kan je hem zien als de mensgeworden God die orde op zaken kwam stellen, niet via strijd, maar door het tonen van de kracht van de liefde. Zijn profetieën zijn ook uitgekomen. De vestiging van de essenen aan de Dode Zee werd grotendeels vernietigd door een aardbeving. De Essenen werden uitgemoord. Er vonden dus talloze kruisigingen plaats.

De Joodse opstand ontstond in '66 na Christus en in '68 viel Jeruzalem en moesten de Joden zich gewonnen geven ten opzichte van hun Romeinse overheersers. Vanaf dat moment zou men pas verhalen zijn gaan opschrijven. Vanaf het jaar '33 tot het jaar '70 werden ze, zoals eerder gesteld, in stand gehouden via mondelinge overlevering. De Dode Zeerollen zijn gedateerd van 200 jaar voor Christus. Ze bevatten dus profetieën en gezien de gemeenschappelijke bronnen tonen ze een grote overeenkomst met de Bijbelverhalen, het boek Genesis en de verhalen uit de Thora, die de joden als basis hebben voor hun leringen. De Thora is ook gebaseerd op kosmologie, numerologie en astrologie. Deze teksten en de Dode Zeerollen lijken ook vollediger te zijn, want de Bijbelverhalen werden zo goed mogelijk samengeraapt en ondergingen zoals eerder al gesteld werd, nog vele interpretaties. De joodse geschreven leer zou vrij zuiver zijn, maar de joodse cultus zou nu een eerder technische en strak geritualiseerde aangelegenheid zijn geworden, omdat ze vooral om debiterende kennis draait en niet zozeer om de toepassing via de ervaringsschool van het leven. De Dode Zeerollen zijn mogelijk nog oorspronkelijker. Het tantrische evangelie van Maria Magdalena over de man/vrouw-relatie werd zoals gezegd verwijderd uit de Bijbel, maar haar leer is niettemin wel gekend bij vele hogere geestelijken. Dit evangelie staat niet in de oudste teksten van de Dode Zeerollen, aangezien ze in die tijd nog niet geboren was.

9. Jezus als politieke of spirituele koning?

Jezus behoorde tot het 28ste nageslacht van stamvader Abraham. Zijn komst werd voorspeld door Johannes de Doper, die naast helende ook profetische krachten had en die ook tot de essenen behoorde. Hij was degene die hem meteen herkende als de (aangekondigde) Messias of rechtstreekse boodschapper van God. Bekend is ook dat het koninklijke (of goddelijke?) bloed van Jezus aan het kruis werd opgevangen, net voor het stolde. Jezus stamde uit het geslacht van koning David en Maria Magdalena was ook van koninklijke afkomst. Zij was van het Huis van Benjamin. Zowel zijn als haar moeder en vader zouden essenen zijn. Jezus werd vanaf zijn twaalfde uitbesteed aan de besloten gemeenschap waarin hij een uitstekende opleiding genoot en zich stilaan bewust werd van wat er van hem verwacht werd. Zoals reeds gezegd hadden de essenen steeds voorspeld dat de Messias (leider) bij hen zou 'opstaan'. (Volgens mij was het geen onbevlekte ontvangenis, want dit verhaal lijkt me nogal sterk te verwijzen naar een ouder ontstaansverhaal van de schepping : Gaia die ongeslachtelijk wordt geboren uit de chaos van de kosmos, of de Egyptische parabel waarbij Horus op ongeslachtelijke wijze werd geboren uit de moedergodin Isis. Osiris, haar man, werd vermoord door haar broer Seth, maar Isis wist hem weer tot leven te wekken met de hulp van Anubis. Horus staat symbool voor het rusten, het heropleven van de natuur. Isis stond symbool voor de vruchtbaarheid van de aarde, de landbouw, de wijsheid en genezing. De plaatsen waar de moedergodin Isis werd vereerd, hebben overigens vandaag nog een sterke Mariacultus, omdat de ene (zogezegd heidense) cultuur gemakkelijk werd geassimileerd met de latere christelijke cultuur, die in het geval van Moeder Maria ook draaide om zuiverheid, vruchtbaarheid en moederschap. Niet zelden ontstond op zulke plaatsen met oa Isistempels of stenen cirkels, nadien een kapel met Mariadevotie. Nog later werden het kerken of basilieken.)

Het is best mogelijk dat Moeder Maria door de engel Gabriël werd ingelicht dat zij een 'eigen-wijs' (met een totaalbewustzijn) kind zou krijgen van wie 'het onmogelijke' werd verwacht, want Jezus moest een einde maken aan de stammentwist en opnieuw eenheid brengen tussen de volken van die tijd. Binnen de gemeenschap van de essenen werd hij dus in stilte voorbereid op die zware taak, maar dit baarde zijn moeder veel zorgen. Zijn leven was op zijn minst zeer speciaal en erg gevaarlijk. Hij deed door zijn scherpe opmerkingen in zijn tijd de grondvesten al schudden. Pas vanaf zijn dertigste trad hij meer en meer in de openbaarheid, maar drie jaar later was hij er al niet meer. Als mensgeworden God claimde Jezus echter niet het politieke koningschap waarop hij recht had door zijn politieke geboorterecht. Het was een ander soort koningschap dat hij voorstond. Hij was een soort meester of mensgeworden God die zelf de heilbrengende boodschap naar planeet aarde bracht. Hij wilde laten zien hoe Gods universele wetten in praktijk konden worden gebracht, zodat het mensdom wat minder op een slangenkuil zou lijken. De mens zoals hij bestond en nu nog bestaat, zit namelijk vast in de keten van actie en reactie, van haat en weerwraak. Een eindeloze keten waarvan de oorzaken soms zoek of lang vergeten zijn. Als we blijven vasthouden aan wrok, woede, angst en weerwraak, kan geen enkel karma worden gezuiverd. De onvolmaakte kon de wetten en dogma's uit het Oude Testament (of de Tenach) die door onder andere Abraham en Mozes werden ontvangen, immers moeilijk in praktijk brengen. Blijkbaar was er ook het gevaar om snel te ontsporen. Dat komt vooral omdat men zich door zulke verheffing al snel op een religieuze macht beroept en anderen veroordeelt zonder naar zichzelf te kijken. Omdat men zich als mens vaak verliest in de rituelen en ondertussen het hart voor anderen of voor hulpbehoevenden sluit. De onderliggende moraal gaat dan snel verloren, want wanneer men zich beroept op kennis of macht en de wil om gezien te worden, verzandt men makkelijk in egospiritualiteit. Ik denk dat we een soortgelijke boodschap kunnen vinden in de woorden en de levensweg van bijvoorbeeld Siddhartha Gautama (Boeddha) en Gandhi... al waren zij menselijke profeten die rijk werden geboren.

10. Wat met de boodschap van schuld en boete? En wat met de godsvrees via de dag des oordeels?

Helaas zie ik wel een grote contradictie in dit alles. Aangezien Jezus via zijn parabels vaak herhaalt dat God veel erbarmen toont en oneindig vergevend is, lijkt de schuld- en boeteboodschap en de godsvrees eerder een bewust menselijke ingreep om angst te creëren en menselijke afhankelijkheid, achteraf weer in zijn mooie boodschappen te zijn geslopen. Is dat om de nieuwe moraal vanuit die invalshoek van onderdrukking meer kracht bij te zetten? Dus om menselijke redenen? Of gebeurde dat om redenen van macht? Die boodschap lijkt alleszins niet van hemzelf te komen. Vergeet niet dat men, historisch bekeken, toen ook in akelige tijden leefde waarin men zelfs mensenoffers bracht, zonder veel omhaal etnische groepen afslachtte, kruisigingen en allerlei martelpraktijken uitvoerde, alleen al omdat men de 'zogenaamde politieke of religieuze' superieure macht van bepaalde volken of stammen niet wilde erkennen... Dus dan moest het maar onder dwang gebeuren. De woorden van elke profeet moet je overigens steeds in een historische context en de gangbare cultuur plaatsen. Of het nu gaat om de woorden van Catharina van Alexandrië, Deborah, Abraham, Mozes of Gandhi... Het introduceren van de onverbiddelijkheid van God en van de schuld- en boetecultuur van het christendom had en heeft nog steeds heel nare gevolgen. Het leidde tot allerlei godsdienstschisma's, schisma's binnen dezelfde geloofsculturen, reformaties en contrareformaties, cultuurverheffing, kruistochten, de inquisitie... De gebeurtenissen van vandaag bewijzen dat vele culturen zich hieraan hebben bezondigd en dat nog steeds doen, omdat men blijkbaar maar moeilijk leert van de gebeurtenissen uit het verleden. Het zou dus mooi zijn indien men bepaalde waarden uiteindelijk als 'universeel' erkennen kan, of ze nu hun oorsprong kennen in het oosten of het westen, het zuiden of het noorden. We zijn allen slechts mensen met een goddelijk (creërend) aspect, maar er bestaat zoiets als vrije wil en zelfbeschikkingsrecht en met die eigen wil loopt het wat mis. Dus als je wijs handelt en je kansen ziet, ben je in staat je lot te sturen en je eigen werkelijkheid te creëren. Je gedachten blijken daarin sterk bepalend te zijn en zelfs in staat je draagkracht te vergroten. Je handelen ontspringt overigens ook aan je gedachten en emoties, tenzij je vooral goed handelt in functie van het eigen aanzien. In dat geval is er weinig oprechtheid en weinig authenticiteit verbonden aan dat handelen.

11. Reïncarnatie en pre-existentie

In het vroege christendom spreekt men niet van reïncarnatie, maar van pre-existentie. Dat betekent dat je als ziel voordien ook al op aarde was in een andere persoon of hoedanigheid. De meeste wereldvolkeren geloven vandaag in het bestaan van een ziel en in de reïncarnatie van de ziel via een nieuw mensenleven. Ook in het westen blijkt de vertrouwdheid met reïncarnatie 'opnieuw' toe te nemen in de new age en in een nieuwe spiritualiteit. Ook de vroege christenen geloofden in een eeuwig leven. Ze balsemden de doden en gaven hun zelfs hun geliefde voorwerpen mee voor in het hiernamaals. Later werd dit als heidens beschouwd en werd het ritueel gebruik verboden.

Culturen vermengen zich vandaag en dat gebeurt in sneltempo. De stammenmigraties in het zuidelijke halfrond zijn daarbij van grote hulp, maar ook de migraties van oost naar west zorgen voor een cultuurvermenging. Fricties en cultuurbotsingen vallen niet uit te sluiten, want de onderlinge verschillen zijn erg groot. In de zo ruime gevoeligheid voor de uiterst reële geestenwereld van tribale volkeren voor wie het 'terugkomen om verder te leren' onbekend is, zou dit ons aan het denken mogen zetten omtrent onze neiging om alles 'te letterlijk' te nemen. Ik vraag mij soms nog af of het terugkomen om zich 'te verbeteren' niet eerder een oosters en/of westers denkconcept is. Wij gaan er nu losjes van uit dat wij ons langs spirituele weg kunnen vervolmaken, indien we daarvoor kiezen. Zo krijgt elk af te rekenen met bepaalde hindernissen in het leven. Enkel indien men zich volledig distantieert van de aardse genoegens en men erin slaagt zonder oordeel volledig in het nu te leven, leidt men een transcendent leven dat je kan brengen naar ascese, maar ik denk niet dat dit de ultieme bedoeling is. In het laatste stadium had boeddha een lachend gezicht en een buikje.

De boodschap hierachter was 'vergeet onderweg niet te genieten'. Leven zonder te lijden, vreedzaam samenleven, dat lijken mij de mooiste betrachtingen. Levenslessen leer je met vallen en opstaan. Door middenin in het leven te staan. En volgens mij kan je via het christusbewustzijn een goed leven leiden, toch als je nog weet waarvoor dit christusbewustzijn staat. Het is kort samengevat 'doe aan een ander niet wat je zelf niet wil worden aangedaan.'

12. De dag des oordeels

Het evangelie heeft het ook over de dag des oordeels en over de hel en de hemel, alsof de goede mensen – of althans hun zieltjes – na de dood van de slechte worden gescheiden. Ook dit lijkt mij er achteraf te zijn ingeslopen, want zulks leidt eerder tot verheffing van de ene persoon of cultuur boven de andere. Dus wanneer je jezelf tot de goeden rekent, plaats je mogelijk de anderen in de groep van de slechten. Wie is helemaal goed en wie is werkelijk helemaal slecht? We leven nu eenmaal in een duale wereld, waarin goed en kwaad naast elkaar bestaan, ook in onszelf. Die schaduwkant in jezelf ontkennen, lijkt me een gevaarlijk iets. Ik denk echter dat met het rijk der hemelen de verschillende sferen worden bedoeld, die je ook in andere wereldgodsdiensten aantreft. Met de sferen bedoelt men tegelijk ook de andere dimensies waarin tijd geen enkele rol speelt. Je zou kunnen stellen dat de christenen vandaag het aardse leven als eindig en eenmalig ervaren, maar in oude kerken merkt een goed oog de vroegchristelijke elementen op met symbolische voorstellingen van de zon als de zon van het heil (sol salutis) of de onoverwinnelijke zon (sol invictus). De middelste zon als godheid wordt gezien als het ordenende principe van de kosmos, het mannelijke principe. Het vrouwelijke principe werd ooit voorgesteld als een koe (of de Egyptische godin Isis met het hoofd van een koe). De koe stond voor zorg en liefde. Ze geeft immers melk. Kosmologie en godsdienst gingen in de oudheid hand in hand. De patronen van die zonnen in de vorm van allerlei rozetten wijzen telkens op beweging, perfecte symmetrie en oneindigheid, dus op eeuwige voortgang, incarnatie en reïncarnatie. Die rozetten tref je overigens aan over heel Europa en Noord-Afrika (Assyrië, Egypte, Nabije Oosten, Catalonië, het oude Frankische rijk...) en ze dateren van lang voor onze tijdrekening. De vroegchristelijke kerk slorpte de zonnecultus op, en deed dit op een heel mooie manier. Zo werd Jezus Christus de menselijke voorstelling van die zon, het altaar refereerde aan het offer dat hij bracht voor de mensheid. De kerken werden en zijn ook steeds naar het oosten gericht, aangezien de zon daar opkwam. Er was toen niet eens sprake van de hel. De christelijke cultus werd vaak gereformeerd. Vooral in de middeleeuwen – en bij uitbreiding de donkere middeleeuwen – werd de leer zelfs dogmatisch en zeer bestraffend. Het draaide dan om uitoefening van macht (men praatte van boven naar beneden) door geestelijke tussenpersonen tussen God en de mens. Zij waren machtige geestelijken, die toezagen op het gedrag van de mens, hem daarover berispten in naam van de godsdienst en ook zelf de straffen uitvoerden in naam van de bestraffende God. De godsvrees met de schuld- en boetecultuur werd er wel heel diep ingebakken en bleef tot op vandaag bestaan. Nog steeds voelen mensen zich klein, zondig, alleen en beperkt. Ze ondergaan hun leven, in plaats van hun sturende macht te beseffen. Ik heb vernomen dat men vandaag probeert de katholieke kerk wel weer een menselijk gezicht te geven door de leer te ontdoen van het bestraffende karakter, zich meer open te stellen voor andere godsdienstculturen en het lijden niet meer te verheerlijken als enige weg tot loutering. De kerken blijven niettemin leeglopen, maar de volksdevotie rond kapellen, gezamenlijke gebedsstonden, initiatieven rond solidariteit en processies worden terug in het leven geroepen en trekken weer veel volk. Het gaat hier niet enkel om toerisme en historische aspiraties. Hier en daar zie je ook een vrouwelijke pastor ten tonele verschijnen.

13. Het belang van de ontmoeting tussen Jezus en Maria Magdalena

Een bepaald verhaal gaat zo: op een dag zou Jezus priesteres Maria Magdalena, een hoogingewijde vrouw en zus van Martha en Lazarus, water hebben zien putten. In een oogopslag wisten ze dat ze voor elkaar waren voorbestemd. Nu noemt men zo'n ultieme zielsherkenning tweelingzielschap. Man en vrouw als twee delen van een perfect geheel en die erkenning is er meteen. Maria behoorde tot de essenen, woonde in Bethanië, maar werd opgeleid tot priesteres en ingewijd in de Isiscultuur in Egypte, in de tempel van Isis. Haar ouders steunden haar hierin. Weet dat de Isiscultuur niet alleen in Egypte bestond. Onder invloed van Julius Caesar verspreidde de Isiscultuur zich over heel het Romeinse rijk.

Maria Magdalena wist dat ze voorbestemd was om Jezus te ontmoeten en hem kracht te geven en dus op zijn beurt in te wijden in de heilige alchemie. Het was haar zielenopdracht om Jezus, vanaf hun ontmoeting, te steunen in zijn bewustmakingsmissie. Ze moest hem de moed en manifestatiekracht schenken die daarvoor nodig waren, want een gewoon mens of een mens alleen kon dat niet aan. Via de heilige alchemie en tantrische methoden werd hij voorbereid op zijn grote taak om een nieuwe energie in de wereld te brengen en grootschalige zuiveringen te doen. De lering vormde slechts een onderdeel van dat plan. Tot hij haar had ontmoet, had hij die moed en kracht namelijk niet. Hij voelde boosheid en veel verdriet, hij weende erg veel om wat hij voelde en zag. Hij was vaak opstandig en rebelleerde. Op andere momenten was hij heel droevig, omdat hij de pijn voelde van de mensen, de onrechtvaardigheid en het misbruik binnen de godsdiensten. Maar mogelijk ook omdat hij gaandeweg besefte welke taak voor hem was weggelegd in dat leven. Hij zou die nieuwe Messias zijn over wie al zo lang sprake was en de essenen wisten vooraf ook dat hij in hun midden zou opstaan, ze wisten welk kind die onmogelijke taak kreeg. Hij werd daartoe intensief opgeleid in de gemeenschap, want zoals eerder al werd gesteld, vanaf zijn twaalfde nam die besloten gemeenschap de opvoedingstaak van de ouders over. Er was dus zowel sprake van een besloten gemeenschap als van gezinnen die rondom het klooster of soort tempel woonden. Men zegt ook dat hij nog bijkomende lering ontving in India, in de streek van Kasjmir. Zijn wijsheid verenigde dus een universele wijsheid, verscholen in verschillende culturen.

In die tijd waren de Isisingewijden te herkennen aan hun slangenarmband. Na de ontmoeting met Maria Magdalena kon Jezus de leringen in de praktijk brengen. Zij versterkte hem zodat hij die opdracht aankon. Het gaat immers ook over het heilige huwelijk tussen twee geliefden, waarin het vrouwelijke en het mannelijke principe met elkaar in balans werden gebracht, zodat beide uitermate krachtig en zelfscheppend werden. Maria van Bethanië en Maria, de fysische moeder van Jezus, konden het naar het schijnt erg goed met elkaar vinden. In de houten retabels zie je drie Maria's bij de kruisiging en de graflegging. Ik heb het nu over zijn moeder, Maria, haar moeder, Anna, Maria Magdalena en Martha, haar zus die altijd zo dienstbaar was. Bij de bootvlucht van Maria Magdalena zou ook nog een andere Maria aanwezig zijn geweest. Een andere Maria, een tante van Jezus en de donkere H. Sar'h, een Egyptische die vanaf Egypte het bootje zonder peddels, stuur en zeil vanuit een woelige zee aan wal trok en vervolgens de boottocht begeleidde naar Galilië. Of ze echt over water kon lopen, dat lijkt me weinig waarschijnlijk. Zijn eigen moeder bleef in Palestina.

14. Van Maria Magdalena naar het onderdrukte vrouwelijke principe

De ziel is zuiver, maar lichaam en geest dienden elkaar te vinden. Het lichaam draagt alle sporen van vorige levens in het DNA, want het is slechts de materiële drager, het tijdelijke voertuig van de ziel in deze incarnatie. Via de weg van de geest kan het lichaam zich door zuiveringen bevrijden van het karma, wanneer het de geest volgt en zich volledig synchroniseert of verbindt met de zuivere ziel. Christusbewustzijn kan iedereen bereiken, het is echt niet zo dat je graalbloed in je aderen moet hebben. Misschien schept dit wel betere voorwaarden, omdat de blauwdruk al aanwezig is, maar je dient het dan nog wel zelf te reactiveren. Dus iedereen is goed en slecht, zelfs de afstammelingen van Christus, als die er al zouden zijn. Hierover bestaan hardnekkige legendes, zoals die waarin wordt beweerd dat Maria Magdalena zwanger was van hem, of dat Christus zich na zijn dood opnieuw materialiseerde en samen met haar in Kasjmir leefde. Dat lijkt me sterk. In een andere versie zegt men dat ze haar land ontvluchtte toen de Romeinen een pogrom uitvoerden bij de essenen. Na de kruisiging van Christus ondergingen dus veel stamgenoten hetzelfde lot op de Calvarieberg. Zij die meer fortuinlijk waren, zijn gevlucht. Jozef van Arimathea wilde Christus in zijn hof eervol begraven en ving naar verluidt ook zijn bloed op onder het kruis. Het Heilig Bloed dat naar alle streken werd verspreid, zelfs tot in de Heilig Bloedkapel van Brugge. Maar het verhaal gaat dat hij Maria Magdalena hielp vluchten naar Marseille. Hij regelde de boot voor de drie

Maria's, Sar'h en Martha. Jozef van Arimathea was ook een geïnitieerde met wie Jezus tijdens zijn jonge leven veel optrok. Ze hebben zich onderweg nog bevoorraad in Malta, trotseerden met hun boot een woelige zee en gingen vervolgens aan wal in Marseille. Vandaar zetten ze samen of alleen de tocht verder doorheen het Frankenland, om uiteindelijk in Glastonbury en Roswell te eindigen. De waarheid hierover zullen we nooit achterhalen. Eigenlijk is het peuteren naar die historische details even onzinnig als het omzetten van kerkelijke kunst naar een economische waarde, want die schilderijen en beelden hadden vooral een symbolische waarde en die kennis is stilletjes verloren gegaan. Niemand kent nog de parabels achter de heiligenbeelden, of de reden waarom die of die persoon heilig werd verklaard. Meestal waren het zelfs martelaren, mensen die de vasthoudendheid aan hun geloof of zelfs hun verzet tegen de wellusten van de kerkelijke machten en krachten, met de dood dienden te bekopen. Fraai is onze kerkelijke geschiedenis dus helemaal niet, want zelfs de grote hervormers werden vaak gemarteld en daarna weer opgevist als heiligen. Wist je overigens dat je elke heilige aan twee of drie symbolen kan herkennen? Door drie symbolen te gebruiken sluit je vergissingen uit. Het zwaard staat bijvoorbeeld voor rechtvaardigheid, maar ook voor goed en kwaad. Een heilige met het zwaard door de keel is duidelijk een martelaar. Iemand met een boek (soms de Bijbel) was een schrijver. De palmtak staat voor zege. De draak voor het kwade enzovoort...

De Heilige Maria Magdalena als levensgezellin van Jezus is geen martelaar geworden en wordt meestal afgebeeld met de riem der troost rond haar middel (Jezus troostte de wenende vrouw die bij zijn rotsgraf stond en zij had aanvankelijk niet in de gaten dat hij het werkelijk was), met een balsempot (omdat ze met haar haren zijn voeten balsemde, wat in feite een joods huwelijksritueel is – zij noemde hem ook rabbi en dat is de Joodse titel voor een gehuwd man), met helende handen naar de aarde gericht en met een schedel (omdat ze genezende krachten had ontvangen). Ze is geen martelaar want ze ontvluchtte tijdig het vrouwonvriendelijke Jeruzalem. Ze werd door Simon Petrus niet als Jezus' beste leerling gezien want verdroeg hij immers niet. Hijzelf beschouwde vrouwen niet als evenwaardig aan mannen. Heeft hij vermoedelijk om die reden een mes achter zijn rug wanneer hij met Maria Magdalena praat (zie 'Het Laatste Avondmaal' het met boodschappen overladen schilderij van Leonardo da Vinci)? Da Vinci doet de toeschouwer overigens twijfelen want apostel Johannes, die naast hem zit lijkt wel een vrouw. Aludeerde hij met ozet op Maria Magdalena? Er heerste zoals gezegd in die streken al eeuwenlang een vrouwonvriendelijk klimaat. Toen al en ook nu en dit is onder meer te wijten aan het ons bekende creationistische verhaal van de zondeval met Adam en Eva, waarin Eva – ondanks het verbod van God – van de appel der kennis at. Sommigen zeggen dat Adam werd vervangen door Jezus en Eva door Maria Magdalena of door de heilige moeder. De woelige tijden die in '68 in Palestina al een gruwelijke aanvang namen, waren al voorspeld door Jezus Christus. Wat erna volgde, is en blijft giswerk. Maar ja, wie zal het zeggen en doet het er werkelijk nog wel toe? De historische details lijken mij ook ondergeschikt aan de lering en nieuwe energie die hij probeerde te verspreiden.

15. Het onderdrukte mannelijke principe

We zeiden het al: de ene religieuze cultuur groeide naar de andere. Soms ging dat zacht en vanzelfsprekend en soms greep de mens hardhandig in. Het vroege christendom toonde bijvoorbeeld veel verwantschap met de Egyptische allegorische Hathorcultuur. Hathor betekent 'huis van Horus'. Horus is immers uit de schoot van Hathor (Isis) geboren. Hathor is de moedergodin in de Egyptische mythologie. Als 'moeder van de moeders' en 'moeder van de goden' staat ze voor wijsheid en scheppende vruchtbaarheid. Het woord 'huis' werd in de oude Egyptische cultuur overdrachtelijk gebruikt voor het moederlichaam, dat symbolisch ook als een vat werd beschouwd, in dit geval alom-vat-tend en ontvankelijk voor het heilige zaad van de man. De vrouw als godin verschafte de man macht via het sacrament van het heilige huwelijk. In feite door de geslachtsgemeenschap als voltrekking van het heilige huwelijk. Want op dat moment worden beiden één door de heilige liefde (geest en lichaam versmelten en de opwaartse energie van de kundalini vlecht zich in elkaar). Dit alles draait om de heilige alchemie, waarin koolstof in allegorische zin tot goud kan worden gesmeed bij middel van de liefde, want zonder liefde is alles leeg. De Isiscultuur was zelfs tot in onze streken sterk verspreid geraakt. Er was bijvoorbeeld een Isistempel in Parijs en in Londen. De Notre-Dame in Parijs werd op dezelfde heilige grond van een eerdere Isistempel gebouwd. Vermoedelijk vond die Egyptische Isiscultuur ook in Vlaanderen goede afzet, omdat het christendom hier de animistische wortels en heidense rituelen van de matriarchale Kelten en Germanen nooit goed had weten uit te roeien. Het volk was hier nogal vasthoudend en de moedergodincultus en vruchtbaarheidsrituelen bleven gewoon gemodifieerd verder bestaan, al dan niet omgesmolten tot christelijke

31

rituelen. Op de oude cultusplekken (vaak waren dat heuvels waar leylijnen of de energielijnen van de aarde elkaar kruisten en waar ook nog een bron te vinden was) stonden stenen cirkels en net op die plaatsen verschenen later ook kapellen en kerken. De stenen cirkels hielden verband met astrologische en astronomische kennis, maar ook met de cultus van het heilig vrouwelijke in combinatie met het heilig mannelijke.

Het heilig vrouwelijke zou echter sterker zijn, want het droeg de vrucht. Er werd in die tijden helaas ook geofferd. Ik meen dat het vroege christendom erin is geslaagd mensenoffers te verbieden in onze streken. De H. Catharina zou er zich alleszins tegen hebben verzet, samen met andere heiligen. Zij verzette zich als vrouw ook tegen de zelfverheerlijking van de Romeinse vorsten die kerk en staat vermengden. De Romeinen (en Grieken) vereerden niettemin ook de drie godinnen (healers en profetessen), die het heilig vrouwelijke principe vertegenwoordigden. In het Hageland bestaat de kerkelijke parabel dat drie Keltische godinnen die via de waterbron op elk moment naar het dodenrijk (de andere dimensie) konden gaan, uiteindelijk (levend?) werden begraven in hun eigen offerput. Godsdienst is in onze streken onlosmakelijk verbonden met macht, strijd en gruwel. Later beoogden de Romeinen echter monotheïsme en een staatsgodsdienst die alle volkeren kon verbinden, want door het polytheïsme was de versnippering van hun grootmacht te groot. Dat afdwingen van een staatsgodsdienst in de turbulente derde en vierde eeuw ging niet zonder slag of stoot. Velen hielden vast aan hun eigen streekgebonden cultus. Een zekere Mithras ging Jezus vooraf, zo zegt men. Aangezien het christendom het mythraïsme (één van de 2 staatsgodsdiensten van de Romeinen) verdrong, werden veel mythraïstische rituelen verchristelijkt of gekerstend tijdens de Romeinse periode. Volgens The Christ

Conspiracy van Acharya S werd Mithras, net als Jezus, op 25 december geboren bij een maagdelijke moeder, hij was de zoon van God, had 12 discipelen en een Laatste Avondmaal, en herrees na drie dagen uit de dood. In feite is het christendom, zoals elke andere godsdienst, het resultaat van de interactie met de omgeving, maar het is vooral gestoeld op het jodendom. Jezus was zelf een Jood en werd, zoals we weten, gedoopt in de Jordaan. De kerkelijke gebruiken, zoals wij ze vandaag kennen, werden naar verluidt pas in de vierde eeuw, na de val van Alexandrië, geritualiseerd tot godsdienstige praktijken. Pas eind vorige eeuw verbleekten ze. Onze jeugd kent ze nauwelijks, met uitzondering van het gulle kerstgebeuren. Al duizenden jaren wordt de winterwende in vele culturen op het noordelijke halfrond gevierd, omdat dit solstitium (zonnewende) het moment bepaalt waarop het licht na een periode van duisternis en verwijdering, rechtsomkeert maakt en de dagen vanaf dan weer beginnen te lengen. Daarom ging het feest rond de winterwende veelal gepaard met het maken van veel licht, in al zijn gedaanten: lampen, kaarsen, vuur... Soms werd een brandend wiel of rad gebruikt, dat ook de zon symboliseerde. Het midwinterse lichtfeest stond onder meer bekend als het joelfeest. We kennen vandaag de christelijke hoogdag 'lichtmis' nog als het feest van de H. Lucia, de brengster van het licht. In Aarschot (België) worden dan alle lichten gedoofd en overal kaarsen voor het raam gezet. Tja, het zogenaamde heidendom en animisme heeft nog overblijfselen in de huidige katholieke rituelen. Kerstmis gaat wellicht terug op de datum van de winterzonnewende van de oude Romeinse kalender. Sinds de vierde eeuw werd op die dag het feest van Sol Invictus, de Onoverwinnelijke Zon, gevierd. Het christendom heeft die datum vermoedelijk overgenomen omdat Christus zoals gesteld met de zon werd geassocieerd. Hij bracht 'licht' en verlichting in een donkere tijd. Hij was als mens een begenadigd verteller die, via het gesproken woord, zijn charisma en natuurlijk ook zijn genezende gaven, mensen naar zich toe trok. De wijze mystica over wie we het daarnet hadden, de H. Catharina I uit Egypte, werd bijvoorbeeld in een huwelijk gedwongen met keizer Maxentius. Toch hield ze erg vast aan haar eigen beleving en liefde voor Christus. Haar kennis was ook beïnvloed door een machtige kennis van de oude geschriften. Ze werkte namelijk in de bibliotheek van het klooster van Alexandrië en had zo toegang tot die enorme kennis. Om haar te overtuigen nodigde de keizer de beste filosofen van zijn tijd uit, maar haar kennis was onovertroffen en zo kon zij hen ook bekeren. De vrouw heeft zich niet willen onderwerpen en dat heeft ze met de dood moeten bekopen. Ze vond het niet erg om te vechten voor haar geloof. Ze werd martelaar. Vanaf de vierde eeuw mondde de turbulente en bloedige transitieperiode dan toch uit in een christelijke leer, onder leiding van Constantijn de Grote die de christelijke leer wettigde. Hij liet ook de H. Grafkerk bouwen in Jeruzalem. Al wie de leer niet wilde onderschrijven, werd met geweld onderworpen of vermoord.

16. Van matriarchaal naar patriarchaal en vervolgens toch naar een perfecte balans tussen het mannelijke en het vrouwelijke principe?

De Sedes Sapientiae met scepter op de troon tref je soms als kerkbeeld nog aan in heel oude kerken en dat symbool is werkelijk supermooi, want het vertegenwoordigt de perfecte eenheid (en wisselwerking) tussen man en vrouw. In en buiten jezelf, als man naar vrouw en als vrouw naar man.

Moeder Maria (de moeder Gods of de moeder van Christus) zie je heel vaak met het kindje Jezus op de schoot. Soms is dat kind echter al een volwassen man. Mogelijk wil men zo verzinnebeelden dat het heilig vrouwelijke zelfs de man in kracht overtreft, indien dat vrouwelijke de universele krachten kan bundelen (bijvoorbeeld in geval van gevaar) of omwille van het scheppende aspect, dat ook kan worden omgezet in een vernietigende kracht. In zekere zin kan de aarde dus vrucht dragen, maar ook zichzelf vernietigen indien ze in gevaar is. Ja, de symboliek kan heel ver gaan en dat maakt het bestuderen van oude cultussen zo boeiend. Je kan dus zeggen dat deze moedersymboliek sterk gelijkt op Hathor (Isis) met de volwassen Horus op de schoot. En om heel erg subtiel nog te verwijzen naar de vruchtbaarheidscultus zie je op sommige plaatsen dat Maria (of haar kind) in haar hand nog een peer of een appel draagt. Of het kind heeft de planeet aarde (Gaia) in de hand. Heel slim gespeeld is dat. De peer in de hand van Maria verwijst naar onsterfelijkheid en de appel in de hand van het kind naar vruchtbaarheid. Maar de aardbol zie je net zo goed als een appel, want de aarde brengt vruchten voort en blijft zichzelf vernieuwen door te evolueren, zichzelf steeds opnieuw te balanceren. Beiden droegen dus via hun manifesterende en scheppende geesten zorg voor Moeder Aarde en dat is wat wij, mensen, ook horen te doen, want het hart van Moeder Aarde klopt. De aarde heeft bewustzijn, ze kan lijden, maar bij een evenwichtig bewustzijn kan ze ook vreugde scheppen door vrucht te dragen, uiteraard zolang je haar respecteert om de zorg die ze aan ons geeft. Vandaag is die balans echter ver zoek. De aarde is vrouwelijk en als wij haar eren, eren wij tegelijk Moeder Natuur via datzelfde vrouwelijke, scheppende principe. Moeder Maria heeft Isis dus waardig vervangen als 'heilige moeder', en Maria Magdalena kreeg in haar goede dagen 'het vruchtbaarheidsaspect' en 'de wijsheid' cadeau van de Isiscultus of de Hathor-zonnecultus (wordt vaak met de ordende zon afgebeeld) of, in onze streken, van de Kelten en Germanen. Maria Magdalena kan je ook zien als de godin van de wijsheid en de vruchtbaarheid, want ze droeg in haar schoot de kinderen van Christus. Later werd ze net gevreesd omwille van haar kennis en haar allesomvattende scheppende kracht en wijsheid, maar helaas ook voor haar vernietigende aspect. Want net als je die kracht in positieve zin kan opbouwen en creatief kan benutten, kan je die grote positieve energie ook in negatieve zin dingen laten manifesteren. (Daarom ook de twee gezichten, eentje dat vooruitkijkt en eentje dat achteruitkijkt.) Haar scheppende aspect via het alchemistische huwelijk waarbij twee weer één worden (het volmaakte mannelijke met het volmaakte vrouwelijke), maakte haar dus in één klap ook berucht, want deze heilige alchemie kon namelijk ook worden misbruikt door zowel mannen als door vrouwen. De beelden van de Sedes Sapientiae zijn minder berucht, want ze laten een godheid zien die gezeten is op een troon, met scepter in de hand. Je kan echter onmogelijk zeggen of die godheid vrouwelijk of mannelijk is. In feite is hij/zij beide, of geslachtloos, en net daarom zo machtig en rustig gezeten op de troon.

17. Geestelijke manifestatiekracht

Zowel mannen als vrouwen hebben een levens- en manifestatiekracht. Ze manifesteren hun eigen wensen en ze doen dit via hun chi (levenskracht), hun eigen gedachtenkracht en hun aangehouden focus op hun doelen, als waren ze al bereikt. Het spreekt vanzelf dat je opvoeding een rol speelt in de manier waarop je dingen wilt laten manifesteren. Voor de ene is veel geld verdienen het ultieme levensdoel, voor de andere is dat zich creatief ontplooien of mensen helpen... Groepen kunnen hun energieën bundelen en samen ook geweldige dingen realiseren. Een oordeelkundig gebruik van de door man-vrouwversmelting opgewekte manifestatiekracht vereist een grote geestelijke zuiverheid (= het goede beogen voor 'alle' mensen, zonder onderscheid noch eigenbelang). Vele heilige kennis werd slechts een cultus voor ingewijden, maar vaak hadden die ingewijden geen zuivere motieven en zodoende werd de kennis misbruikt. Zo werd de voltrekking van het heilige huwelijk zelfs losgekoppeld van de liefde. Als persoon en vrouwelijk symbool werd Maria Magdalena om die reden vele eeuwen na het ontstaan van het christendom verketterd, waarbij ze meteen haar vrouwelijke voorbeeldkracht in de maatschappij verloor. De vrouw werd een zondares, want ze werd zondig geboren en kon mannen verleiden. Vertaald vanuit de schitterende symboliek werd deze 'mooie' kennis een verboden kennis. Er werd dus heel bewust ingegrepen om redenen van macht, ofwel om dit alles niet aan eender wie te openbaren, omdat de tijd hiervoor nog niet rijp was. Mogelijk ook omdat het bewustzijn van de mens nog niet ver genoeg gevorderd was om hier op een verantwoorde manier mee om te gaan. Maar was het bewustzijn van de ingewijden dan hier wel ver genoeg voor gevorderd, want zij waren toch ook het product van hun eigen patriarchale maatschappijculturen? De graalkoninginnen, die over mystieke gaven beschikten, maar ook het heilige bloed in hun aderen hadden (uit de bloedlijn van Christus en Maria Magdalena), werden om die redenen heel sterk beschermd door de graalridders. Niet zelden werden ze weggeborgen in een klooster, wat hen de perfecte bescherming bood in een door mannen geregeerde wereld. Die mannen waren namelijk enkel uit op het geheim van de heilige graal. De priorij van Sion kreeg de geheime opdracht om te waken over hun veiligheid. Zijn de mystieke vrijmetselaars, de Rozenkruisers, hieruit ontsproten? Officieel ontstond de vrijmetselarij echter pas in de achttiende eeuw, dus vermoedelijk gebeurde de lange aanloop ook ondergronds. De Saint-Clairs bouwden alleszins de Rosslyn Chapel en die is overladen met rozetten en andere symbolen uit het vroege christendom, met Egyptische en joodse symbolen en met symbolen die je nadien ook in de vrijmetselarij terugvindt. Niet zo toevallig lijkt me.

18. De kruistochten en de hospitaalridders

De militair getrainde hospitaalridders, herkenbaar aan het achtpuntige kruis, beschermden dus niet alleen de pelgrims die onderweg waren naar de Heilige Stad, Jeruzalem, maar in het geheim ook godinnen of de mystica met graalbloed in de aderen. Ze stichtten (militair versterkte) kerken, hospitalen en leprozerieën langs heilige pelgrimswegen, vaak op heirbanen die de krachtige energie- of leylijnen volgden. Later zouden de Sint-Janshospitalen ook nog vanuit diezelfde geest het gezelschap krijgen van norbertijnenkloosters, die nota bene ook op de hoogte waren van de geheime kennis omtrent de liefde, dat merk je aan de symbolen boven de toegangsdeuren. Daarin bevindt zich namelijk de heilige ruit. De V met daarop een omgekeerde V. Symbolen voor geven en ontvangen. De twee V's moeten even groot zijn, samen vormen ze de perfect gevormde ruit. Vaak waren dit dubbelkloosters, met een mannen- en een vrouwenvleugel. De norbertinessen verdwenen later naar aparte kloosters, waarin enkel vrouwen resideerden. De grauwzusters of augustinessen hadden ongeveer dezelfde opdracht rond armenzorg en verpleging aan huis (naastenliefde), maar ze hadden ook eigen hospitalen. Ook begijnen die geen gelofte aflegden, gingen vaak op in de grauwzusterorden die aan ambulante zorg deden. In de buurt van hun grauwzusterkloosters tref je vaak het symbool van de orde van Malta (of waren het de tempeliers?) aan. Soms zie je het ook op de Sint-Catharinakerken die je overigens steeds in de buurt van de grauw- of zwartzusters zal vinden. Dat rode Griekse kruis staat symbool voor de levende Christus. Daaruit zijn onze huidige hospitalen en psychiatrische inrichtingen ontstaan. Dat gold ook voor de zusters van het Heilig Graf. Zij waren dan weer verwant aan de orde van Malta (herkenbaar aan het kruis met kleine rode kruisjes). Ze hadden of hebben zelfs een eigen grootmeester, wat dan weer aan vrijmetselarij doet denken, maar er is ook sprake van bescherming door ridders. De johannieters of de orde van Sint-Jan was herkenbaar aan het rode kruis op een witte achtergrond. Rood staat in de heidense culturen voor vruchtbaarheid (en menstruatiebloed) en wit voor sperma, maar niemand die het nog weet. De Saint-Clairs hadden nagenoeg hetzelfde wapenschild, maar de lijnen van het kruis waren gekarteld. De verticale streep staat voor het maken van de verbinding tussen hemel en aarde (gerichtheid op de geest zonder aarding is nooit goed), en de dwarse streep voor voortgang en evolutie. Het hakenkruis stond oorspronkelijk voor 'geluk', voor het misbruikt werd door de Gestapo. De johannieters hielden zich bezig met caritatieve werken, zoals ziekenzorg. Ze werden opgeleid om pelgrims op hun weg te verzorgen, daarna vestigden ze zich op de uitgekozen plaatsen. Vandaar de grote verspreiding, want ook vandaag bestaan er nog vele Sint-Janshospitalen. Een belangrijk weetje is dat de tempeliers vanaf het moment dat ze verboden werden (1312), als ze het al overleefden, gewoon opgingen in de hospitaalridders. Die kenden immers een veilger bestaan.

19. Verwereldlijking, macht en corruptie

De katharen (een christelijke afscheuring) geloofden in karma. De essenen en de eerste christenen ook. Ze hadden veel gemeenschappelijk. Het is gek, maar verschillende kerkelijke afscheuringen hebben zich gekant tegen de corruptie binnen de kerk, tegen de verwereldlijking, tegen de accumulatie van macht en rijkdom. Te veel geestelijken werden grote en rijke landheren. Om kloosters te kunnen stichten werd de belastingdruk ondraaglijk groot en werd bijna automatisch een proletariaat in het leven geroepen, dat hen van dienst moest zijn. Hervormers wilden een gelijkwaardige behandeling voor alle mensen en legden de klemtoon weer op barmhartigheid en solidariteit. "Wat je voor deze minste broeders van Mij hebt gedaan, dat heb je voor Mij gedaan...' Met andere woorden, je kan God niet eren en je eigen zielenheil niet afkopen met je rijkdom, wanneer je ondertussen je neus ophaalt voor zieken, armen, andere sociale klassen en rassen. De H. Augustinus wilde dat iedereen weer zou geloven in de kracht van de liefde, op zoek zou gaan naar zijn ziel en ermee contact zou maken, opdat het contact met de hoogste bron kon worden bewerkstelligd. Automatisch krijg je dan de juiste leiding in het leven. Overigens, iedereen die bijstand vraagt, krijgt die. God, of 'het Al', is immers genadig (en je bent zelf een aspect van hem), om het nu maar eens met een spiritueel woord uit te drukken. De kloosterlingen die de regels van de H. Augustinus volgden, legden de gelofte af van kuisheid, armoede, gehoorzaamheid en dienstbaarheid, net zoals de stichter van de orde van de norbertijnen. Ze zetten zich in voor de minderbedeelden. Franciscus van Assisi legde zijn rijkdom volledig af en ging in armoede leven. Hij had ook een groot hart voor de natuur, die je als Gods schepping kan zien. Norbert van Gennep (stichter van de norbertijnen, die allen leefden volgens de door de H. Augustinus opgelegde strenge regels inzake soberheid) was nog zo iemand die tegen de tijdsgeest durfde in te gaan. Maar meteen kreeg hij kritiek, omdat hij zelf van rijke, adellijke komaf was. Hij heeft dan al zijn bezittingen weggeschonken en is in armoede gaan leven. Een onbedoeld uitvloeisel van het bijstellen van de kerkelijke motieven naar de essentie van spiritualiteit mondde echter uit in een soort dogmatisering. Daardoor ging men alle afscheuringen die te sterk afweken van de grote gemene deler, tot bloedens toe verketteren. Vanaf dan waren zelfs de katharen niet meer veilig en de akelige gevolgen van de reformatie en dogmatisering zijn alom gekend. Er kwamen inquisiteurs en die zaaiden dood en vernieling. Vanaf dan ontstond er een grote godsvrees, godsdienstonvrijheid, onderwerping... Maar de norbertijnen, franciscanen, de augustinessen, Arme Klaren... ze bleven niettemin overeind door hun caritatieve werken, hospitalen enzovoort... Hun goede werken gaan dus voort, al zijn er nu vooral leken aan het werk. De katharen (zowel mannen als vrouwen, die in de buurt van Carcassonne als koppels en bedelmonniken rondtrokken om genezing te brengen) werden echter volledig uitgemoord door de inquisiteurs, die de kerk nogmaals wilden reformeren. Er waren door de eeuwen heen dus meerdere reformaties binnen de kerk, er waren ooit zelfs meerdere pausen die elkaars gezag niet erkenden. En er waren natuurlijk ook vele contrareformaties.

20. Gevolgen voor het menselijke bewustzijn van de in de loop der geschiedenis bewuste, menselijke ingrepen

In feite mocht de mens dus zijn eigen zelfscheppende krachten (nog) niet leren kennen en moest hij afhankelijk seksen automatisch een ongelijke verhouding en vanuit een ongelijke verhouding kan je geen vervolmakende liefdesrelatie aangaan of beleven. Dan zal de ene zich verkopen aan de andere. De wil van de ene partij wordt namelijk onderworpen aan de wil van de andere. Er is dan geen sprake meer van één geest, één gedachte, maar van mannenvrees en een dienende onderwerping. Dat alles geldt uiteraard ook in omgekeerde zin. De dominante vrouw is ook niet tot echte liefde in staat, want ze bestuurt het bewustzijn van haar man. De patriarchale cultuur corrigeerde in feite de matriarchale godsdienstculturen die daarin veel te ver was gegaan, maar ook de patriarchale reformatie liep uit de hand. Vandaag zien we dat culturen daarin geen gelijke tred houden. In zekere zin bestaat er in het Westen al een grote gelijkschakeling tussen de seksen, al proberen de nog hardnekkige conservatieve middens toch nog vast te houden aan hun patriarchale instelling, met de betutteling van de vrouw. Maar volgens mij gaat het de goede kant uit met alle culturen, maar dat kan ook liggen aan mijn positieve ingesteldheid. (Het hindoeïsme zou in essentie nog steeds matriarchaal zijn). In elk geval is een vrouw die kookt en afwast, of ervoor kiest om huisvrouw en moeder te worden, daarom nog geen onderdrukte vrouw. En een carrièrevrouw is niet vanzelfsprekend een geëmancipeerde vrouw. Ik denk overigens dat vrouwen niet dienen te e-man-ciperen, maar dat ze weer gewoon zichzelf moeten leren worden. En voor mannen geldt dat net zo goed. Een man of een vrouw die goed in balans is, omarmt zijn/haar mannelijke of vrouwelijke eigenschappen en ontkent ze niet of weert ze niet af. Het vleesgeworden mannelijke principe, dat kon een politiek instituut of een krijgsman zijn, of een allesbepalende kerk, die geen scheiding kon maken tussen kerk en staat en die in bepaalde geledingen (we veralgemenen niet) vooral uit was op politieke en economische macht. Al waren er wel kerkelijke afscheuringen en was er grote onvrede over de corruptie, de machtsgeilheid en het materialistische aspect, omdat dit het geestelijke aspect sterk zou ondermijnen (denk maar aan de augustijnen, norbertijnen, franciscanen, benedictijnen…). De protestanten zouden zich ook heftig hebben verzet tegen de verwereldlijking en zich daarom hebben afgescheurd van de roomse kerk, die aflaten verkocht om de hemel te verdienen. Een bovendien heel erg imperialistische kerk die wel ethische regels voorschreef, maar die aan de andere kant de mens kleineerde en sterk deed afdwalen van zijn eigen rechtstreekse lijn met God. Want door hem met name zwak en afhankelijk te maken van kerk en afgoderij of van een dwingende afsmeekgodsdienst, snijd je de mens weg van zijn eigen geest, van zijn buikgevoel omtrent goed en kwaad en van zijn eigen intuïtie. Seks werd zo plots iets vies en verwerpelijks. Van Maria Magdalena maakte men heel bewust iemand die haar lichaam verkocht voor geld. Maar zoals we al zeiden, zo was zij in het geheel niet. Seks werd door haar ontering gedegradeerd tot lust. In feite werd het vervolmakende en uitermate scheppende liefdesaspect vernietigd door de vrouw minderwaardig te maken aan de man. Zo krijg je tussen beide seksen (of energieën) uiteraard nooit evenwichtigheid. Onevenwichtigheid leidt tot onenigheid en disbalans.

21. De Dode Zeerollen en de profetieën omtrent de eindtijd

Dankzij de ontdekking van de Dode Zeerollen in de diepe vertrekken van een hoge grot in Qumram, in het midden van de twintigste eeuw, weet men dat de essenen hun leer in het Hebreeuws schreven en dat er verschillende onbekende geletterden en profeten zaten in hun gezelschap, met onder meer Johannes de Doper. Zij beschikten over mystieke gaven en hadden visioenen omtrent de toekomst. Johannes de Doper zou onderricht hebben genoten in India, Maria Magdalena in Egypte. Dit volk reisde dus wel en hun munten toonden aan dat ze handelsbetrekkingen aanknoopten met vreemde stammen of volkeren, hoewel ze zich verder toch wat afzonderden van andere gemeenschappen. Twee van de profetieën, die wij ook terugvonden in het boek Genesis en in de Bijbel, zijn de komst van 1) de politiek-spirituele Messias rond het jaar nul en nadien van 2) een nieuwe spirituele Messias tijdens de eindtijd. Of bedoelde men gewoon de verspreiding van het christusbewustzijn? Die eerste moet Jezus zijn geweest. Er werd bovendien voorspeld dat de eindtijd vooraf zou worden gegaan door een periode van aardbevingen, overstromingen en vulkaanuitbarstingen. In die periode zouden de goede machten (gesymboliseerd door het licht) strijden tegen de kwade machten (het duister) en het goede zou uiteindelijk zegevieren, omdat engelen en geascendeerde masters zouden komen helpen en omdat de meest zuivere stam (het volk van de essenen) weer zou opstaan. Wil dat alles dan zeggen dat ze terugkomen via reïncarnaties van de essenen in gewone mensen, dus zullen hun energieën nu in de eindtijd wellicht via nieuwe incarnaties verspreid geraken over heel de wereld? Deze strijd zou zich gelijktijdig in de hemelen of in andere dimensies afspelen. Sommigen menen dus dat die eindtijd nu werd aangevat en dat de shift van de dualistische wereld naar een meer vredelievende, evenwichtige wereld weldra wordt gemaakt in functie van het behoud van de wereld en van de moederplaneet Gaia. Daarbij is het belangrijk dat het mannelijke en het vrouwelijke principe opnieuw in evenwicht komen, als een huwelijk tussen ratio, planmatigheid, doelgerichtheid en emotie, intuïtie, zorg, barmhartigheid... We zeiden het reeds, ook de man dient in zichzelf de vrouwelijke aspecten opnieuw te omarmen in plaats van ze af te stoten als minderwaardig, want het ene kan eigenlijk niet zonder het andere. De mannen die dat kunnen, zijn vanzelf evenwichtiger en sterker... Wanneer men dit onevenwicht kan bannen, verbant men tegelijkertijd ook de ongelijkheid tussen de seksen, misbruik, wellust, machtsgewin enzovoort... Enkel op die manier kan Gaia (de aarde als onze habitat, maar een 'levende' planeet) worden gered, zo vermoedt men, met name door deze grote bewustzijnssprong die de mensheid in versneld tempo dient te maken.

22. Energieën en evenwichten

Slechts enkelen kunnen de energievormen ook voelen of waarnemen, omdat ze die gevoeligheid hebben. Dat wil echter niet zeggen dat zulke mensen goddelijk zijn, ze zijn heldervoelend. De meeste baby's en peuters kunnen zich nog dingen herinneren uit vorige levens, voelen ook hun moeder wonderwel aan, tot ze deze telepathische capaciteit via het ontwikkelen van de gesproken taal verliezen. Iedereen die zich niet te veel afzondert, zit in het grote energienetwerk van de mensheid. En die mensheid heeft als geheel ook een bewustzijn, dat je kan zien als één groot organisme. Sluit je je volledig af, dan word je automatisch ziek. Helaas zijn er ook individuen die parasiteren op de energie van de anderen. Ze tappen die af, omdat ze mogelijk niet meer zonder kunnen functioneren. In deze wereld of in dit universum draait alles dus om energieën, netwerken en evenwichten. Deze zijn erg delicaat en aangezien ons denken ons handelen stuurt, is het van belang dat ons denken al evenwichtig is. Het gaat dus veel verder dan daden. Gedachten zijn al krachten, ook al zijn ze verborgen. Gedachten zetten al dingen in beweging, ten goede, neutraal of ten slechte.

Wat is dan het belang van het begrijpen van de andere werelden en dimensies als je deze wereld al niet begrijpt? We weten dat in andere dimensies tijd geen rol speelt, en we kunnen dit uiteraard niet vatten. Maar moet dat? Wat brengt het ons bij? Wanneer we dit zouden begrijpen, kunnen we weer controle uitoefenen en dat versterkt dan weer het mannelijke principe dat al zoveel overwicht heeft. Niet alleen bij de islamitische volkeren en bij de christenen, maar ook in de wetenschappelijke wereld, eigenlijk overal. We mogen vandaag dus geen enkel volk met de vinger wijzen. Er bestaat tegenwoordig een groot onevenwicht op wereldschaal, wederom omdat alles via een onzichtbaar netwerk met elkaar verbonden is.

23. Jezus en karma

Laten we het even opnieuw hebben over karma. Karma is niet iets wat exclusief tot het boeddhisme en het hindoeïsme behoort, het zit in feite vervat in alle wereldgodsdiensten. Dus ook in onze evangelieën, zij het wat minder opvallend dan in de oosterse godsdiensten. Karma lijkt hier zelfs vergeten, maar als men zegt dat het kind moet worden gedoopt om te worden gezuiverd voor het nieuwe leven, dan houdt dit ergens in dat het ook ballast met zich meedraagt vanuit vorige levens of dat het belast werd met het DNA van de twee families waarin het wordt geboren. In bepaalde passages van het christelijke evangelie spreekt Jezus over de wedergeboorte van de ziel (indien die dit verkiest). Aan het eind van de cyclus is er dan de terugkeer naar God, die je zou kunnen interpreteren als de verlichting, waarbij de ziel opgaat in het geheel. Dat is dus gebeurd met de mensgeworden God. Zou Jezus bij de wederopstanding dan opnieuw als zichzelf hebben voortgeleefd, als deel van zijn familie en zelfs met een eigen nageslacht? Of reïncarneerde hij in plaats van te ascenderen? Maar ook dit feit, voorwerp van historisch en volkskundig onderzoek, dat we nu nog moeilijk correct kunnen voeren zonder erover te redetwisten, is van geen belang en zelfs ondergeschikt aan de universele en tijdloze moraal die hij wenste te verspreiden. Christus, wie hij ook is, wees/wijst ons enkel de weg. Het godsprincipe of de goddelijke vonk zit eigenlijk in elk van ons en dat wordt hiermee duidelijk gemaakt. Het staat je vrij om deze weg – via de vrije wil – al dan niet te volgen. Er is dus vrijheid van denken en je kan vrij handelen, zoals je dat zelf wilt en je leven in handen te nemen. Mensen die je dat beletten, oefenen macht uit. Er zijn natuurlijk ook grenzen aan dat handelen. Vandaar dat er soms bescherming nodig is tegen de uitwassen van dit ultieme zelfbeschikkingsrecht.

24. Het opeisen van goddelijke en politieke mandaten door het bewijzen van de bloedlijn naar Christus

Men heeft altijd getracht het heilige bloed te claimen of de heilige bloedlijn te misbruiken voor het claimen van politieke mandaten door zich te beroepen op deze goddelijke macht. Godfried van Bouillon moet zich van zijn afstamming van de heilige bloedlijn bewust zijn geweest. Hij werd geboren rond dezelfde tijd als de H. Norbertus. Toeval? Zouden deze twee elkaar hebben gekend? Godfried was een ridder die symbool staat voor het militaire karakter van de orde waarvoor hij streed, maar hij had wel joods-christelijke roots. Men wilde dus zelfs strijden voor het geloof, maar politiek en macht kon men toen en nog lange tijd daarna niet los zien van elkaar. Net zoals men staat en kerk niet los kon zien van elkaar. Pas bij het begin van onze democratie werden ze gescheiden door de democratische beginselen. Om diezelfde reden wilde men Jeruzalem heroveren en Godfried van Bouillon leek daarvoor de geschikte man. De Kerk van Jeruzalem werd vernietigd door de Turken en Godfried wilde met de kruisvaarders het Graf van Jeruzalem gaan redden. Hij slaagde er ook in en kon er als graalridder zelfs rechtmatig aanspraak maken op een politiek mandaat. Hij zat immers in dezelfde bloedlijn, maar toch weigerde hij dat politieke mandaat. Nog andere kruistochten volgden, maar het werden eerder plunder- en rooftochten. Ook de alleerste kruistocht bleek al zo'n plundertocht, want ze was niet goed voorbereid. De aanpak van Godfried van Bouillon schonk meer fierheid, maar Jeruzalem en het Heilig Graf bleven na zijn bescherming niet lang gespaard. Eigenlijk is het Heilig Graf al millennia een strijdtoneel. De heilige grond wordt nog steeds opgeëist door drie wereldgodsdiensten die dezelfde wortels hebben. Mogelijk eindigt het wanneer de derde tempel gebouwd wordt, want die symboliseert dan het opnieuw samengaan van islam, jodendom en christendom. Was deze eenheid trouwens niet wat de tempel van Salomon vertegenwoordigde? De achthoek symboliseert alleszins ontelbaarheid, oneindigheid en kosmisch evenwicht (oneindige wijsheid in ontelbare verschijningsvormen). Het kruis van Malta heeft overigens ook acht punten. De eerste tempel in Israël was de tempel van koning Salomon. Zoals eerder gesteld, weet niemand of die echt heeft bestaan, want op de Tempelberg mogen geen opgravingen gebeuren. Die opdracht tot het bouwen van een tempel werd al gegeven aan koning David, maar aangezien er bloed aan zijn handen kleefde, was hij geen vredesvorst. En dat was de voorwaarde om aan de bouw te beginnen. Indien deze tempel werkelijk heeft bestaan, dan dateert hij van rond 900 v. Christus. Hij zou zo'n driehonderd jaar later volledig zijn verwoest, omdat er tussen de volkeren zoveel onenigheid bestond. Stammentwisten of erger. Men zegt dat de derde eenheidstempel, die alle volkeren en wereldgodsdiensten verenigt, nog moet worden gebouwd. Wie zal het zeggen?

25. Karma anders bekeken

Moraal van het mooie en tegelijk gruwelijke geschiedkundige verhaal: zo lang je blijft zitten in de cyclus van actie door haat en vergelding als logisch gevolg, is er sprake van karma. De wet van actie en reactie houdt je zo gevangen in diezelfde energie, want enkel liefde en mededogen kunnen je eruit tillen! Daders maken slachtoffers, die kweken haatgevoelens tegen de daders, die haat genereert nieuwe acties en die acties genereren een nieuwe reactie of vergelding. En dat alles gaat oneindig lang door. De oorspronkelijke oorzaak van de onenigheid kent men op den duur niet meer... Hoe ontstond dit conflict...?

Jezus wilde zijn lot aanvaarden en sterven voor de zonden van zijn tijd. Zo droeg hij vast het groepskarma van de religieuze groep waartoe hij behoorde of die hij wilde vertegenwoordigen. Ze hadden van hem (de meest zuivere ziel) een zondebok gemaakt. Hij zou dus boeten voor zijn koninklijke hoogmoed. Maar ging het nu niet net om de hoogmoed van de groep (de Romeinse keizers en de Joodse Schriftgeleerden) die hij daarop zelf had aangesproken? Uiteindelijk pikten ze geen kritiek van hem, de eenvoudige Samaritaan of Nazareeër, want ze herkenden in hem slechts een armoedig geklede man, en zeker geen Messias. Jezus wist dat dit alles zou gebeuren, dat hij door zijn eigen volk (Judas en Simon Petrus) zou worden verraden, want zij bleken hem plots niet goed te kennen. Hij wilde gewillig het kruis (ballast) dragen, zich laten offeren, als een (onschuldig) offerlam worden beladen met zonden voor God (het Lam Gods, soms afgebeeld als de pelikaan die zijn eigen bloed drinkt). In die tijd werden er nog veel dieren geofferd en zo zou je dus de kruisiging kunnen interpreteren. Als het laten vloeien van zijn bloed om dat karma te zuiveren. Zo zouden de zonden van de mensen hen worden vergeven. Pontius Pilatus, de prefect onder het bevel van keizer Tiberius, gaf bevel tot kruisiging, maar hij liet het volk daarover beslissen want hij kon Jezus niets aanwrijven. Aangezien Jezus erg populair was en men de woede van de menigte zo op zich zou kunnen laden, werd gezocht naar een aanvaardbare reden. Die werd gevonden in het koningschap dat Jezus opeiste. Ze kroonden hem spottend met een doornenkroon voor de zogenaamde hoogmoed die hij tentoonspreidde, maar het ging bij hem niet om het koningschap van deze wereld, zo had hij al vaak herhaald. Maar zo werd het nooit begrepen. Hij vertegenwoordigde enkel de geest van God, en zo moet de onbevlekte ontvangenis volgens mij ook worden begrepen. Maria's kindje ontving al in de buik de geest van God via de incarnatie in dat kleine wezentje. Ze wist dus dat haar kindje zou uitgroeien tot een bijzonder persoon, want de engel Gabriël had het haar verteld. En dat alles had niets te maken met zijn bloedlijn, die inderdaad terugging naar koning David. Dus ook in politieke zin had hij een koning kunnen worden, niet alleen in geestelijke zin. Maar net die politieke aanspraak zag men als een serieuze bedreiging, hoewel dit helemaal niet strookte met zijn voorbestemming en dit heeft hij herhaaldelijk willen duidelijk maken, maar het werd niet zo begrepen.

Ook gangbaar in die tijd, en zelfs nu nog, is het gebruik dat een bok de belasting (karma, maar ook demonen en entiteiten) van belaste mensen overneemt door het stellen van bepaalde handelingen door ingewijden. Vervolgens sturen ze het dier de woestijn in, waar het omkomt van honger en dorst. In geval van groeps- of familiekarma is het ook vaak zo dat één familielid alle karmische belasting in zijn rugzak draagt, zodat de groep dan makkelijker leeft. Hij doet dit zelfs zonder zichzelf in vraag te stellen. Alle 'lasten' van de betrokkenen worden dus via aanhoudende roddels, beschuldigingen enzovoort moeiteloos doorverwezen naar de 'zondebok' en deze laatste laadt gewillig (maar volledig onbewust) het kruis of de hele vracht van lijden en schuld op zijn rug. Zo verging het ook Jezus. Als een hele groep zulke vingerwijzingen doet, dan begint de betrokkene uiteindelijk ook te geloven dat hij de schuld is van alles wat er misloopt. Vaak zal hij zich ook gedragen als een slachtoffer, wat het de anderen nog makkelijker maakt om het principe van de zondebok te blijven hanteren. Maar Jezus zag zichzelf zo helemaal niet. Hij wist immers dat de geest veel sterker was dan het lichaam en dat voor de liefde de dood alleszins niet de grens is. Hij toonde dat de dood de sterke geest niet kon uitvlakken en dat hij zelfs weer kon heropstaan. Bovendien vond hij dat zijn tijd gekomen was om terug te gaan naar de eenheid, want zijn eigen volk wilde hem als politiek leider en dat was ook niet de toekomst die hij voor zichzelf zag en die hoorde bij zijn voorbestemming. We moeten het zich gewillig laten kruisigen verkeerd hebben begrepen. Hij werd terug één met God, maar in feite is niemand van God afgescheiden. Dat wilde hij aantonen. Niemand is beperkt en de weg die hij ging, kon iedereen gaan.

Karma speelt op alle niveaus en is eigen aan het leven op aarde. In zekere zin kan je door het oplossen van negatief karma terug naar de bron. Er is negatief en positief karma dat darma wordt genoemd. Er is persoonlijk karma dat binnen je eigen leven wordt opgelost, of in een volgende. Er is groepskarma, familiekarma, cultuurkarma, wereldkarma... Om alles opnieuw naar een evenwicht te brengen wordt het karma opgelost, maar ondertussen kunnen zelfs generaties de revue passeren. De rekening wordt gepresenteerd, maar er kunnen jaren en vele levens overheen gaan. Het vervelende is dat de gebeurtenissen van vandaag hun oorzaak vinden in het verleden en vaak kennen de mensen vandaag de oorzaak niet meer van die gebeurtenissen. Ze ondervinden enkel de hinder omdat er nooit vergeving werd geschonken of niet werd gelouterd. Conflicten zijn daardoor vooral emotioneel en niet meer rationeel of doordacht te noemen. Daardoor geraken ze verstrikt in een eindeloze keten van acties en reacties met vergelding als gevolg, en dit zorgt weer voor nieuw karma. Zo kan het eindeloos blijven doorgaan, want in de groep met slachtoffers spelen haat, woede en frustratie en dit leidt altijd tot negatieve re-actie, tot men de negatieve energie weet te transmuteren naar positieve. De transmutatie is de allermoeilijkste opdracht, maar het is niet ondoenbaar. Liefde en vergeving vormen de oplossing. De staat van liefde bereik je via mededogen en begrip. Of de rationele weg is deze: als je de oorzaak kent en die aan het licht brengt, doorbreek je automatisch de keten. Tot er effectief vergeving en mededogen is, vloeit er veel water door de zee. Als men die onbekende en daardoor onbeminde vijand in de ogen kan kijken, en weer liefde voor die andere kan voelen, dan is de geest veel sterker dan het lichaam. Dan is de oplossing nabij. Ook Christus zei al: "God is liefde!" Als je God aanroept, aanroep je de liefde. Liefde overwint dus alles.

26. Wat is dan de sacrale boodschap?

De centrale heilige boodschap is volgens mij (en vele anderen) de volgende: Doe niet aan anderen wat je zelf niet wil worden aangedaan. En ook vrede op aarde is mogelijk indien men de medemens, ook mensen uit andere culturen, respecteert, ondanks de verschillen in cultuur en gebruiken. En uiteraard ook jezelf of je groep verlossen van het lijden (link met het boeddhisme: het leven op aarde plaatst je in een eindeloze cyclus van lijden, leven na leven, tot je uiteindelijk de verlichting hebt bereikt door totale onthechting.) In feite bestaat immers enkel ware liefde binnen het eenheidsbewustzijn waar we weer naartoe dienen te evolueren. Jezus wil via zijn 'eigen mensenleven' een mooi voorbeeld zijn voor de anderen, omdat voorbeelden beter werken dan strenge moraalwetten. Zijn voorbeeld zit volgens mij vooral in zijn levenswandel en interacties met anderen (opgetekend in de evangelieën) en niet zozeer in zijn sterven. In verband met de noodzakelijke openbaring van de meegegeven boodschappen noteerden de evangelisten op zijn vraag wat ze te weten kwamen over 'zijn leven'. Zij verspreidden zijn woorden en handelwijzen, zodat ze bewaard bleven en tot voorbeeld konden dienen, zelfs nog lange tijd na hun dood. Omdat de vrspreiding van zijn woorden dus relatief kort na zijn leven als profeet gebeurde, durf ik te veronderstellen dat Jezus werkelijk heeft bestaan en dat de verhalen met de symbolische parabels redelijk waarheidsgetrouw zijn. Of Maria nu naar Kasjmir of via Malta en Marseille naar Engeland en Schotland vluchtte en zelfs in onze gewesten passeerde, valt nauwelijks nog te achterhalen. Maar zijn die historische weetjes belangrijker dan de liefdesboodschap? Moeten we verzanden in een welles-nietesspelletje? Het is echter wel zo klaar als een klontje dat die Maria Magdalenacultuur in liefde en minzaamheid gekoppeld aan haar metgezel

Christus, hardhandig door de militante vleugel van de roomse kerk de kop werd ingedrukt, omdat in deze cultuur de vrouw (de kelk of de graal) of het heilig vrouwelijke weer op de voorgrond werd geplaatst. Wanneer man en vrouw zich in allesomvattende liefde (dus in lichaam en geest) en in totale evenwaardigheid verenigen, dan wordt hun gezamenlijke kracht 'goddelijk' en uitermate scheppend, want ze worden samen weer één. Ze benaderen dan het volmaakte kosmische principe en dat is zowel mannelijk als vrouwelijk. Door die eenwording bereik je transcendentie. Maar ook de mens die het mannelijke en het vrouwelijke in zichzelf weet te accepteren en te verenigen, wordt krachtig en uitermate (zelf)scheppend.

27. Veel meer profeten (zowel mannen als vrouwen) en evenveel profetieën

Overal ter wereld zijn tijdens de voorbije 2000 jaar profeten of boodschappers opgestaan – de ene al bekender dan de andere – die ongeveer hetzelfde beoogden. Allen ontvingen ze de of een sleutel tot de grotere kosmische waarheid. Indien ze erop belust zijn om persoonlijke macht, roem of eer te verwerven via hun gaven of profetieën, dan ontspoort de boodschap automatisch, omdat ze die vermengen met eigen betrachtingen en in wezen materiële verlangens, omdat ze vooral het ego dienen en aangezien ego een valse illusie is... Er zijn overigens ook valse profeten die toch veel volgelingen hebben. Ware profeten zijn mensen met een voor de mensheid 'wegende' boodschap. Hun woorden zouden rechtstreeks door God zijn ingegeven en dienen tot het nut van iedereen. God kan je zien als 'het Al', het 'Onuitspreekbare', het 'Ondefinieerbare', dat wat je zelf niet kan vatten, niet zintuiglijk kan bewijzen of overdenken. Men spreekt ook over de kosmos en over verschillende sferen of hemelen. In elke cultuur krijgt dit gegeven een andere naam. Wat wij in het Westen God noemen, kan je bijvoorbeeld linken aan alle godsdiensten. Het is echter beter dit 'niet' te doen, omdat vele religies een bloedige strijd hebben opgeleverd, waarvan de miserabele gevolgen nog eeuwen doorleven. Godsdienstige groepen bouwen zo als groep veel karma op. De werkelijke identiteit van de profeten is ook niet van belang, aangezien het gewoon mediums zijn, die via het woord fungeren als boodschapper. In principe houden ze zich ook niet bezig met het leven van anderen, omdat ze dan hun eigen (voor)oordeel of perceptie toevoegen aan de persoonlijke boodschap. Zelf zijn deze profeten dus menselijk en zeker niet zonder fouten, ze leiden een gewoon leven en ze materialiseren gedachten door de inzichten die ze ontvangen via channeling en doorgeven. Vaak verkrijgen ze die inzichten via het beleven van hun eigen (moeilijke of gevaarlijke) leven. Ze zijn dus zeker niet zonder karma. Geen enkel mens is dat. Ook in deze tijd vind je overal ter wereld dus profeten en visionairs die werken vanuit de luwte of die enkel plaatselijk gekend zijn. Werken vanuit de luwte is veiliger, zo lijkt me. Culturenbindende bindende boodschappen zijn broodnodig om de bewustzijnsrevolutie aan te zwengelen. Het ontstaan van een wereldreligie zou ook veel kunnen oplossen, maar dan dient het menselijke of het wereldbewustzijn dringend naar een hogere versnelling te schakelen. Mensen zijn met elkaar geconnecteerd door het onderbewustzijn, dat een directe link heeft naar het collectief bewustzijn. Dus ego en afgescheidenheid van de bron, zijn sterke illusies. Of concreter, als jij groeit in bewustzijn, groei ik mee want we zijn verbonden...

Voetnoot

Opdat de profeet de bewustmakingsboodschappen zou herkennen, ontvangt hij of zij vaak via meditatie of gebed symbolische voorstellingen in zijn of haar visioenen. Die zijn voor hemzelf/haarzelf herkenbaar via het eigen geloof of via de eigen 'herkenbare' cultuur. Een christen zal dus niet gauw voorstellingen krijgen van Boeddha of omgekeerd. Dat zou compleet zijn doel missen, omdat de boodschap (of de heilige symbolentaal) in dat geval niet wordt begrepen. Niet alleen profeten kunnen aansluiten op de symbolentaal van de wereldziel die alles onthoudt en het collectieve geheugen is van de mensheid en de kosmos.

28. De evangelies als leidraad in het leven of je intuïtie?

Waarom ook niet? Ondanks het vervagen en de vele aberraties van de zuivere openbaringen hebben de evangelieverhalen mij reeds van kinds af aan sterk geboeid. Zo wilde ik die evangelies die ik tijdens mijn jeugd ontelbare keren had horen voorlezen in de kerk, toch eens opnieuw lezen en dat had ik nooit kunnen voorspellen. Had ik immers niet lang geleden alle geloof afgezworen? Ditmaal deed ik het in mijn eigen tempo, met mijn (inmiddels volwassen) interpretatie en niet meer zo wereldvreemde reflecties. Vandaag probeer ik daarom mijn leven te laten sturen door mijn intuïtie of mijn hogere leiding. Soms neemt mijn ratio het naar oude gewoonte weer over, en soms speelt ook te veel emotie, waardoor ik het spoor weer bijster geraak. Maar toch, ik probeer... Op diezelfde manier koos ik intuïtief voor het evangelie van Mattheus. Ik probeerde zijn woorden om te zetten naar het taalgebruik van nu. Wat er uit mijn pen vloeide, was wonderlijk en ik verbaasde mij over de schoonheid van dat evangelie. Ik kon het eigenlijk niet meer dan eens zijn met Jezus. Zijn allegorieën en verbeeldende symboliek hebben een tijdloze en universele basis. Jezus Christus, ik ben vandaag weer een even grote fan van u, maar uiteraard ook van Mohammed, van Boeddha en van ontelbare andere profeten die het goed voorhadden met hun kleine gemeenschap en die door hun wijze woorden ook van betekenis werden voor de mensheid. Ik ontdekte uiteindelijk ook het verborgen evangelie van Maria Magdalena, dat via de Dode Zeerollen opnieuw ter sprake kwam. Alleen voel ik zelf meer voor het evangelie van Jezus, omdat dat van Maria Magdalena zo makkelijk kan worden misbruikt en fout kan worden begrepen. Ik koos voor de evangelies die over Jezus en Maria gaan, omdat ik ermee groot ben geworden en ik denk ze nu eindelijk ten volle te kunnen begrijpen, ondanks eventuele vervormingen, bewust geïnitieerde of onbewust foute connotaties…

29. Haat en oorlog altijd in een pervers huwelijk met elkaar of actie en reactie tot in het oneindige

Het gaat zo slecht met de wereld, dus waar is God nu? Ik denk ook niet dat je God kan zoeken waar er haat en oorlog is. God is daar simpelweg niet. God is immers totaalbewustzijn, of oneindige wijsheid en liefde en in oorlogsgebied is de energie te zwaar en te beladen om die hoge liefdesfrequentie te bereiken. Ik zei het al eerder, ik geloof in reïncarnatie (het eeuwige leven van de ziel) en in karma. Mensen maken persoonlijk karma, maar groepen maken groepskarma. Godsdiensten maken godsdienstkarma enzovoort… Volgens mij klopt de evolutietheorie van Darwin in zoverre dat je ook nog de spirituele component toevoegt. Wetenschap en evolutie sluiten elkaar niet uit. Alles wat leeft, heeft bewustzijn… dieren, maar ook de aarde. Maar de mens zie ik als een creator die niet enkel de natuurwetten ondergaat. Hij kan namelijk zijn eigen werkelijkheid scheppen en dat creëren start al met eigen gedachten en intenties. Wanneer die echter te sterk uit balans zijn geraakt door dat karma, door nijd en strijd, dan escaleert het een en ander en dan is afdwalen van je levenspad niet ondenkbeeldig. Ik denk dat er in deze tijd zelfs zieltjes op de wereld worden gezet die de specifieke taak kregen om het wereldkarma te helpen verlichten. Maar ook zij begrijpen hun taak vaak niet, en komen dan op een dwaalspoor terecht.

30. Jezus als menselijk symbool voor de mens of het goddelijke (creërende, zelfsturende) principe in elk van ons?

Volgens mij heeft iedere tijd zijn eigen visionairs, profeten en healers. Maar sommige profeten zitten nu eenmaal beter in ons collectieve geheugen gebeiteld dan andere. Dat Jezus, en vooral het leven van Jezus, ons vandaag nog bekend is, hebben we uiteraard te danken aan de wereldgodsdiensten. Dat Jezus zelf een godsdienststichter was, durf ik heel sterk te betwijfelen, vooral omdat hij er in zijn tijd al tegen tekeerging. Hij moedigde afgoderij en lege rituelen niet aan en had veel kritiek op instellingen die mensen afhankelijk maakten, macht uitoefenden en angst en verdoemenis propageerden. Dat alles is namelijk van een te lage vibratie en neigt naar materialisatie van immateriële dingen. Hij legde vooral de klemtoon op de zelfverantwoordelijkheid van de mens en op de kosmische wetten die we zouden moeten kennen en vervolgens leren hanteren. Hij wist dat hoe meer je de macht en kracht buiten jezelf legt, hoe minder contact je hebt met je eigen ziel (= zelfsturing) en je persoonlijke doelstellingen. Het is net de ziel die in je persoonlijke leiding kan voorzien, niet de machten rondom je. Die houden je klein en afhankelijk en spiegelen je een valse zelf (ego)- en wereld-, of zelfs kosmische realiteit voor. Godsdiensten worden vaak politieke instrumenten, omdat ze worden geboetseerd met mensenhanden en als politiek instrument bepaalde maatschappelijke culturen of zelfs een tijdgeest vertegenwoordigen. Met andere woorden, een 'zuivere' godsdienst is een contradictio in terminis. Godsdiensten die apolitiek functioneren en tijdloos of universeel zijn, zijn erg zeldzaam, zo niet onbestaande. In feite gaat het dan ook niet om godsdiensten, maar om universele waardesystemen. Die waardesystemen verplichten je tot niets, maken je niet bang, maar voorzien wel in een degelijke sturing om je hoogste potentieel te ontdekken. Ik denk dus dat het boeddhisme als filosofie aardig in de buurt komt en bepaalde animistische filosofieën ook. De boodschap van Jezus was simpel, maar wel moeilijk in praktijk om te zetten in een aardse realiteit. Hij predikte 'de liefde'. Hij pleitte voor verbinding tussen de Vader (het 'Al' of God), de Zoon (de mens) via de Geest (je eigen intuïtie, het derde oog...). Dat is de betekenis achter de Heilige Drievuldigheid of de triniteit. Triniteit zie je ook achter intentie, actie en manifestatie en je vindt het heilige principe terug in alle godsdiensten, maar als je goed nadenkt ook in je dagelijkse handelen want alles begint met een idee, aandacht en focus. Maar dat is ook de basis van zelfverwerkelijking, je eigen goddelijke potentieel terugvinden door het in balans brengen van hemel en aarde (allegorisch bedoeld) en het meestappen in de evolutie. Het is ook je vrouwelijke en je mannelijke kant met elkaar weten te verzoenen. De twee principes verenigen in jezelf, zodat je 'één' wordt en niet steeds op zoek moet naar je wederhelft om je compleet te kunnen voelen. Het geboortejaar van Jezus zal ongeveer kloppen. Sommigen beweren dat hij een paar jaar eerder of later is geboren. Dat hij gekruisigd werd, klopt ook. Dat hij dit had voorspeld, eveneens. Hij wilde vertrekken met het groepskarma van zijn tijd. De christelijke rituelen maken gebruik van zijn leven en waardesysteem.

31. Heeft Jezus dan werkelijk bestaan?

Ja, van Jezus durf ik dus aan te nemen (niet te bewijzen!) dat hij echt een historisch figuur was. Hij was geen katholieke christen, maar een Esseense jood. En voor dat christendom waren er nog andere godsdiensten die later moeiteloos en onopvallend versmolten raakten met het christendom. We zeiden het reeds, Jezus was in de eerste plaats een mens met een enorme wijsheid en met bijzondere gaven. Hij was een healer, een profeet en zelfs een visionair. Jezus had bijvoorbeeld kort voor zijn kruisiging de val en brand van Jeruzalem in het jaar zeventig voorspeld. Er was al politieke onrust in zijn tijd. Alleen een stuk van de Klaagmuur bleef overeind en die muur staat er nog steeds. Nadat de rust was weergekeerd (na de Joodse opstand tegen de Romeinse overheersing) werd Jezus' leven opgetekend door de vier evangelisten. Dat gebeurde omdat men zich dan pas realiseerde dat hij de juiste voorspellingen had gedaan over zijn kruisiging en het door Judas gepleegde verraad in zijn eigen kring van apostelen. Geen enkele evangelist zou hem bij leven hebben gekend, ze beriepen zich op getuigenissen van anderen rondom hem of op de joodse overlevering. Het evangelie van Mattheus is bekend bij christenen en joden. Mattheus zou een Joodse tollenaar zijn geweest, die zich vond in het leven en de woorden van Jezus. Ook daardoor koos ik voor hem in verband met de herinterpretatie van het symbolische leven van Christus om op deze aarde het christusbewustzijn te laten wortelen.

32. Een evenwichtigere wereld in 5D?!

Niet weinig mensen denken dat het onmogelijk is. Sommigen geloven ook niet in een bewustzijnsevolutie, maar toch zit het sequentieel allemaal mooi in elkaar. De industriële revolutie ging een grote technologische revolutie vooraf, die ons helaas ook wat ontmenselijkte en ons onze spirituele wortels deed vergeten. Maar op dit punt aanbeland herinnert de mens zich plots zijn spirituele natuur en gaat hij er weer naar op zoek. Hij verdwaalt zelfs een beetje. De zoekende mens zoekt weer naar de waarheid en zuivert zo de oude godsdiensten van alle aberraties. Alles komt versneld aan het licht en we gaan opnieuw op zoek naar de basis, de essentie van ons zijn. De industriële en wetenschappelijke evolutie kan je als verwerpelijk zien, maar dat is al te flauw. Ze waren zeker nodig in het proces en als ze onze kleinmenselijke natuur, het gevoel, de ethiek en het mededogen kunnen herintegreren, dan zetten we een grote sprong vooruit, richting 'eenheidsbewustzijn'. Daarvoor is een grote toenadering nodig tussen mensen en volkeren, een meer respectvolle houding voor ieders eigenheid en verscheidenheid, maar ook een herontdekking van onze grote gemeenschappelijke basis, want als mensen zijn we toch gelijk. Niemand op deze aarde weegt meer dan de andere. Utopisch gedachtegoed? Een verkleutering van ons denken? Ik mag hopen van niet. Dat is een negatieve en meer sombere kijk op het wereldgebeuren. Gaat dit zonder slag of stoot gebeuren? Natuurlijk niet. Zo eenvoudig is het niet.

33. Maar hoe dan?

Men zegt dat een groter evenwicht kan worden bereikt indien de vrouw de man kan respecteren als gelijke partner en omgekeerd. Samen staan ze dan heel sterk. Maar het grotere evenwicht begint in jezelf, in je eigen universem dat een afspiegeling is van het grote universum. In je kleinste cel zie je zelfs alle kenmerken van het grote universum, maar dit uitleggen leidt ons te ver. Ik bedoel perfecte rust wordt gecreëerd wanneer de man ook de vrouwelijke eigenschappen in zichzelf kan integreren en balanceren en centeren en de vrouw hetzelfde doet met de mannelijke eigenschappen in zichzelf. Dan word je manvrouw of vrouwman. Dan word je zelf je eigen tweelingziel en moet je niet zo nodig op zoek naar de andere die jou kan vervolledigen, want je bent al mooi in balans in je 'zelf'. Als mannelijke eigenschappen, zoals productiviteit, drive, ratio of rationeel denken, initiatief, kracht en moed, bescherming.... worden erkend. Als vrouwelijke eigenschappen, zoals emotioneel denken, empathie en mededogen, intuïtie, voelen, liefde en hart, zorg... worden erkend. Die eigenschappen dien je 'in jezelf' te verenigen om jezelf te centreren. Mannen mogen dus wenen! Als je dat lukt, ben je beter in balans. Als het de groep lukt, dan verschuift het groepsbewustzijn en de vibratie naar een hoger niveau, want er is grotere zelfliefde. Als het iedereen lukt, dan is de wereld in balans en dan gaan we met zijn allen naar een hogere vibratie. Dus van 3D naar 5D. Dan is de aarde een betere plek om te wonen. Men zegt dat het ooit zover zal komen, want we komen immers al van 2D. Maar eerst moeten we door een periode van chaos, waarin tegengestelden elkaar gaan opheffen of uitvlakken. Deze periode werd door profeten als Nostradamus en sommige visionaire wetenschappers, maar ook in de Bijbel, de Koran en in andere heilige geschriften, voorspeld als de 'eindtijd'. Dat is de tijd waarin culturen elkaar zouden ontmoeten en leren waarderen. Maar dat gebeurt niet zonder slag of stoot.

Met andere woorden, het matriarchale (de vrouwenheerschappij) werd verdrongen door het patriarchale (mannenheerschappij) en nu zouden beide tot verzoening komen, met een totale gelijkheid van het mannelijke en vrouwelijke principe binnen een soort wereldmenggodsdienst. Liefde heeft immers de hoogste vibratie.